9月1日、名古屋陸軍地方幼年学校に第三期生として入学。	〈14歳〉
一九〇〇年	明治33年	7月12日から二週間、三重県香良洲浦で遊泳演習。	〈15歳〉
一九〇一年	明治34年	4月12日～17日、奈良・吉野へ修学旅行。男色事件で禁足処分を受ける。	
		7月13日から二週間、知多半島の新知村で遊泳演習。助手となる。	
		11月20日、同期生と格闘し、重傷。	
		12月14日、退校処分となる。	〈16歳〉
一九〇二年	明治35年	1月2日、新発田を発って上京。東京学院の中学五年級受験科へ通学。	
		6月22日、母・豊が新潟病院にて急逝。新発田へ急行する。	
		10月、順天中学校五年に編入学する。	〈17歳〉
三年	明治36年	3月ごろ、あちこちの教会へ行き、海老名弾正の本郷教会が気に入る。	
		同月31日、順天中学校卒業。	
		4月、東京外国語学校を受験し合格する。	
		7月～8月、父が転属した福島に帰省し、約一カ月弟妹とともに過ごす。	
		9月、東京外国語学校仏語科に入学。	
		10月11日、本郷壱岐坂の本郷教会で海老名弾正から洗礼を受ける。	〈18歳〉
		2月8日、日露戦争が起こる。まもなく教会と縁を切る。	
年	明治37年	3月13日、数寄屋橋の平民社を初めて訪ね、社会主義研究会に出席する。	
		6月6日、日露戦争に従軍する父を上野駅で迎え、駅前の宿で一夜を共にする。	〈19歳〉

目次

凡例

一、本書は、『改造』掲載の初出によって構成し、章見出しを『自叙伝』（改造社、一九二三年）にならったほか、同書によって校訂した。また、『大杉栄全集』第十二巻（現代思潮社、一九六五年）および『自叙伝・日本脱出記』（岩波文庫、一九七一年）を参照した。

一、本文は、現代かなづかい、新字体、現代表記に改め、読みやすくするため、一部の漢字をかな書きにし、最小限に読点を入れた。また、明らかな誤字や誤植と見なされる語句は訂正した。

一、戦前の出版法による検閲、または出版社の自主規制によって削除された箇所は、伏字を×で示した。

一、今日からみれば不適切な表現もみられるが、発表当時の歴史性を考慮して原文のままとした。

一、（ ）内は著者による注であり、〔 〕内は解説者による注記である。また、本文中に○印のある語は、巻末に解説者による編注を付した。

最初の思い出

一

赤旗事件でやられて、東京監獄から千葉監獄へ連れていかれた、二日目か三日目かの朝だった。はじめての運動に、いっしょに行った仲間の人びとが、中庭へ引き出された。半星形に立ち並んだ建物と建物との間の、かなり広い空き地に石炭がらを一面にしきつめた、草一本はえていない殺風景な庭だ。

受け持ちの看守部長が名簿をひろげて、一列に並んでいるみんなの顔とその名簿とを、しばらくの間、見くらべていた。が、やがて急に眉をしかめて、幾度も幾度も僕の顔と名簿とを引きくらべながら、なにか考えているようだった。

「おまえは大杉東（あずま）。というののなにかかね」

部長はちょっと顎（あご）をしゃくって、少し鼻にかかった東北弁で尋ねた。

名簿には、僕の名の右肩に、「東長男」とあることは知れきっている。それをわざわざこう言って聞くのは、いずれ父を知っている男に違いない。その三十いくつかの年恰好（かっこう）や、監獄の役人としては珍しい快活さや、ことにその僕に親しみのある言葉の調子で、僕はすぐにどこかの連隊で下士官でもやっていたのかなと思った。

「先生、親爺（おやじ）の名と僕の前科何犯とをくらべてみて、驚いてるんだな」

僕はそう思いながら、返事の代わりにただにやにや笑っていた。それに、こんなところで父を知っている人間に会うのは、少々きまりも悪かったのだ。

「東という人を知らんのかね。あの軍人の大杉東だ」

部長は不審そうに重ねてまた尋ねた。

「知らないどこの話じゃない。そりゃ大杉君の親爺さんですよ」

それでもまだ僕がただにやにやして黙っているので、とうとう堺君が横合いから答えてくれた。

「ふうん、やっぱりそうか……あの人が大隊長で、僕はその部下にいたことがあるんだが……あの精神家の息子かね……」

部長はちょっとの間、感慨無量といったようなふうで、独り言のように言っていたが、やがて自分に帰ったようになって、

「その東という人は第二師団で有名な精神家だったんだ。その人の息子がどうしてまたこんなところへはいるようになったんだか……」

と繰り返すように付け加えた。

この精神家というのは、軍隊での一種の通り言葉で、忠君とか愛国とかのいわゆる軍人精神のおかたまりを指すのであった。十分尊敬の意味は含まれているんだが、しかしまた、戦術がへただとか融通がきかないとかいうそしりの意味もないことはなかった。

僕が陸軍の幼年学校から退学させられて家に帰ったときにも、

「お父さんはあんなにおとなしい方だのに……」

と、よくいろんな人に不思議がられた。そしてそのたびに、僕の家のことをもっとよく知っている

らしいだれかが、

「そりゃ、あなたはお母さんをよく知らないからですよ」

と僕のために弁解してくれた。

実際僕は父に似ているのか、母に似ているのか、よく知らない。もっとも顔は母によく似ていたらしい。

「そんなによく似ているんですかね。でも私、こんないやな鼻じゃないわ」

母はよく僕の鼻をつねっては、人にこう言っていた。

母はきれいだった。鼻も、僕のように曲がった低いのではなく、まっすぐに筋の通った、高い、いい鼻だった。

父が近衛の少尉になったとき、大隊長の山田というのが、自分の細君の妹のために婿選びをした。そして二人候補者ができたのだが、ついに父の手にそれが落ちたのだそうだ。

その当時母は山田の家にいた。なかなかのお転婆娘で、よく山田の出勤を待っている馬に乗っては、門内を走らして遊んでいたものだそうだ。

「この母方のお祖父さんというのがおもしろい人だったんだそうですね。大阪で米はんにいろいろ聞いたんだが、あんまりおもしろいんですっかり忘れちゃった。が、兄さんなんかはこのお祖父さんの血を受けているのかもしれないね」

いつか次弟の伸といろいろ近親の者の話をしたとき、弟がこう言って、しきりにおりがあったら米はん（従兄）にその話を聞いてみるようにすすめた。

それまで僕は、母方の親戚では、山田の伯母と、そのすぐつぎの妹の米はんのお母さんと、それからお祖母さんとだけしか知らなかった。そしてこのお祖父さんについては、なんにも聞いたこともなく、また考えてみたこともなかった。お祖母さんが妙に下品な人だったので、母の家というのも、ろくな家じゃなかったろうくらいにしか考えていなかった。

それにこの米はんが大阪のある同志と知っていて、その同志との間によく僕の話をするということも聞いていたので、多少なつかしくも思っていたおりだった。で、その翌年であったか、もう二、三年前になるが、大阪へ行ったついでにしばらくめで米はんを訪ねてみた。米はんはお祖母さんの家を継いで、淀屋橋の近くで靴屋をしていた。僕はちょうど二十年目で米はんと会った。

「僕だれだかわかる？」

僕は店にいた米はんにいきなり声をかけた。尾行をまいていったので、店の者に僕がだれだかが分ってもおもしろくないと思ったからでもあった。

「分らんでどうするものか。そんな目はうちの一族のほかにはどこにもないよ」

米はんは僕よりももっと大きな目をみはりながら、大げさにこう言って、奥へ導いていった。

お祖父さんは楠井力松といった。和歌山の湊七曲りというところにあった、かなり大きな造り酒屋だったそうだ。子どものときから腕力人にすぐれて、いたずらがはげしく、十二のときに藩の指南番伊達なんとかいう人に見いだされて、その弟子となって、十八で免許皆伝をもらった。剣道、柔道、槍術、馬術、行くとして可ならざるはなく、ことに柔道はその最も得意とするところであったそうだ。のち、その指南番の後見のもとに、町道場を開いて、門弟五百人、内弟子百人あまりも養っていた。

身の丈六尺四寸〔約一九四センチメートル〕目方四十貫〔一五〇キログラム〕という大男で、三十三で死んだのだが、そのときでも三十五貫〔約一三一キログラム〕あまりあったそうだ。

「あるとき、たぶんお祭りのときだったろうと思うが、なんでもないことにまで侍と町人との待遇があんまり違うというので怒りだして、とうとう大勢の侍を相手に大げんかをやって、それ以来いつも侍を敵にしては町人のために気を吐いていたんだそうだ。そしてそんなことで、とうとう家をつぶしてしまったんだね」

お祖父さんについての米はんの話は、ずいぶん長くもあり、また雄弁でもあった。が、僕もやはり弟と同じように、それがあんまりおもしろいんでたいがいは忘れてしまった。

父の家は、名古屋をへだたる西に四里、津島という町の近くの、越治(こしじ)村大字宇治というのにあった。今では、その越治村が隣り村と合併して、神守(かもり)村となっている。父の家は代々その宇治の庄屋を勤めていたらしい。

大杉という姓も、邸内に大きな杉の木があって、なんとかいう殿様が鷹狩りかなにかのおりに立ちよられて、「大きな杉じゃなあ」と御感(ぎょかん)あそばされたとかいうところから、それを苗字にしたのだそうだ。あんまり当てにはならない話だが。そして今でもまだ、街道から目印になるような、大きな杉の木がそこに立っている。

父が日清戦争で留守の間に、宇治のお祖父さんが死んだというので、一日無理に学校を休ませられたことがあった。が、このお祖父さんについては、権九郎とか権七郎とかいう名のほかには、なんにも聞いた覚えがない。

清洲の近くにいた丹羽なんとかいう老人が、このお祖父さんの弟で、少しは名のある国学者だったように聞いている。その形見の硯や水入れが家にあった。そして僕が十五のとき、幼年学校にはいるんで名古屋へ行ったとき、第一にこの老人に会うようにと父から言いつけられていった。

父には二人兄があった。長兄は猪といって、宇治の家を継いで、村長などをやっていた。つぎのは一昌といって、名古屋にいたが、そして僕が幼年学校にいた間はずいぶん世話にもなったが、なにをしていたのか僕には分らなかった。おりおり裁判所へ出かけていくらしいので、僕は高利貸しかなとも思っていた。

お祖父さんにはどのくらい財産があったのか知らないが、その死ぬときに、この二人の伯父と父との間にそれが分配されたらしい。そして父の分は猪伯父が管理していたのだが、伯父がいろんな事業に手を出して失敗して、自分のはもちろん父の分までもなくしてしまった。

「あれがあれば、おまえたち二人や三人の学費ぐらいは楽に出るんだったがね」

母はよくこう言っては愚痴っていた。

たぶんそんなことからだろうと思うが、父は猪伯父のことをあまりおもしろく思っていなかったらしい。一昌伯父についてもやはり同じようだった。

そして父や母がほんとうに親戚らしく付き合っていたのは、山田の伯母一家だけらしかった。そしてまた、僕が多少の影響を受けているのも、この山田一家からだけらしい。僕の名の栄というのも、この伯母の名の読みを取ったものだ。

しかし肉親というものはさすがに争われない。猪伯父も一昌伯父も吃った。丹羽の老人も吃ったようだ。父も少し吃った。そして僕がまた吃りだ。

二

父には学歴はまるでなかった。

ただ子どものときから本を読むのが好きで、丹羽（にわ）の老人のところから本を借りてきては読んでいた。そしてその土地の習慣で、三男の父は一時お寺にはいって坊主になっていた。が、西南戦争がはじまって、はじめて青雲の志を抱いて、お寺を逃げ出して上京した。

そしてまず教導団にはいって、いったん下士官になって、さらにまた勉強して士官学校にはいった。

父は少尉になるとまもなく母と結婚して、丸亀（まるがめ）の連隊へやられた。そしてそこで僕が生まれた。町の名も番地も知らない。戸籍には明治十八年五月十七日生とあるが、実際は一月十七日だそうだ。当時尉官はほとんど結婚を禁ぜられていたようなもので、結婚すると三百円の保証金を納めなければならなかった。父はそれができないで、母の妊娠が確定するまで結婚届が出せなかったのだそうだ。そしてそれと順送りに僕の出生届も遅れたのだそうだ。

が、父はまたすぐに近衛（このえ）に帰った。

そして僕が五つのときに、父と母とは三人の子どもをかかえて、越後（えちご）の新発田（しばた）に転任させられた。父はこの新発田にその後十四、五年もくすぶってしまった。僕も十五までそこで育った。したがって僕の故郷というのはほとんどこの新発田であり、そして僕の思い出もほとんどこの新発田にはじまるのだ。

もっともその以前東京にいたときのことも少しは記憶している。

家は番町のどこかにあった。門の両側に二軒家があって、父の家はその奥にあった。そして門のそばのどちらかの家に、たしかお米さんという名の、僕より一つ年上の女の子があった。僕はそのお米さんと大仲良しだった。

お米さんはもう幼稚園へ行っていた。僕はまだだった。お米さんは学校で唱歌を教わってきては、家へ帰って大きな声でそれをおさらえした。歌をなんにも知らない僕はそれが癪にさわってたまらなかった。そして向こうでなにか歌いだすたびに、僕は精いっぱいの声で、ただ、

雨こんこん
雪こんこん

とだけ、幾度も繰り返してはどなりつづけていた。

が、五つの春から、僕も幼稚園に行くようになった。そして毎日お米さんと手をひいて、富士見小学校へ通った。

しかし、その幼稚園がはたして富士見小学校付属のであったかどうかは、実は断言することができないんだ。ただ、いつかふいとその前を通ったら、どうも見覚えがあるので、中にはいってみた。するとそれが長い間僕の頭の中にあった幼稚園そのままなんだ。で、僕はそれがこの富士見小学校付属のだと、ひとりできめてしまったのだ。

この幼稚園でのことはほとんどなんにも覚えていない。ただ、一度女の先生にしかられて、その顔に唾をひっかけてやったことがあるように思うが、これはその後母が話したのを覚えているのかもし

れない。

唾では、その後も一度、小学校の女の先生にひっかけて泣かしたことがあった。

父が勤めていた連隊は青山(あおやま)練兵場の奥のほうにあった。父はおりおり週番で帰ってこなかった。ある日、たぶんその週番が三日目、四日目と進んでだいぶ寂しくなったころだろう、例のお米さんを連れ出してそっと青山に出かけていった。練兵場にはいったころに、お米さんはもう歩けないと言って泣きだす。そこへ犬が吠えついてきて僕も泣きだす。しまいには二人で抱き合って声を限りに泣いていた。そして通りかかった兵隊になだめられて、ようやく父のところへ連れていかれた。

新発田の連隊へ送られるのは、多くはなにかのしくじりがあって、島流しにされるのだと聞いたことがあった。新発田ばかりではない。遠い地方の田舎へやられるのは、多くはそうであったのかもしれない。

もうよほど後のことであるが、家に大勢士官が集まった。父はその士官らに、山田の伯父から送ってきた葉巻をご馳走(ちそう)した。しかしそのお客の中で、この葉巻を満足に吸ったものはほとんど一人もなかった。みんな太いほうを口へ持っていって、とがったさきにマッチの火をつけようとした。新発田というのはそんな田舎だったのだ。

しかし僕は父がなんの失態で新発田へ追いやられたのか知らない。週番で宮城(きゅうじょう)につめていたとき、なにかの際に馬から跳ね飛ばされて、お濠(ほり)の中に落っこちて、泥まみれになって上がってきた。それを陛下がご覧になって、「猿じゃ猿じゃ」と笑い興ぜられたことがあったそうだ。しかしこれは父の光栄であって、決して失態ではなかったろう。実際父はちょっと猿のような顔をしていた。

が、とにかく父は新発田に追いやられたのだ。

父は、やはり同じ近衛から新発田へやられるもう一人の士官といっしょに、東京を出た。僕はその旅の中で、碓氷（うすい）峠を通るときのことだけを覚えている。碓氷峠にはまだアプト式の鉄道もしかれてなかった。そしてその海抜幾千尺か幾里かの峠を、僕らは二台のガタ馬車で走った。一台には父の同僚の家族が乗っていた。親子三人のようだった。もう一台には僕らが乗っていた。父と母とはおのおの一人ずつの妹を抱きかかえていた。僕は一人でしっかりとなにかにしがみついていた。おりおり馬車が倒れそうに揺れる。下を見ると、幾十丈だかしれない深い谷底に、濃い霧が立ちこめている。僕は幾度胆（きも）を冷やしたかしれない。

僕はこの自叙伝を書く準備をしに、最近に、二十年目で新発田へ行ってみた。その間には、もう十幾年か前に鉄道がかかって、そこに停車場もできている。ほとんど面目一新というほどに変わっているだろうと期待して行った。そしてほとんどどこもかも、まるで二十年前そのままなのに驚かされた。停車場の付近が変わっていることは論はない。そして僕はそこを出るとすぐ、また新しい華奢（きゃしゃ）な監獄のような製糸場がそびえているのを見て、ここにもやはり産業革命の波が押しよせたなとすぐ感じた。しかしそれは嘘（うそ）だった。その後、町のどこを歩いてみても、その製糸場以外には、工場らしい工場一つ見つけ出すことはできなかった。新発田の町はやはり依然たる兵隊町だった。兵隊のおかげでようやく食っている町だった。

製糸場は大倉喜八郎個人のもので、大倉製糸場の看板をさげていた。そしてこれは喜八郎の営利心を満足させるためよりも、むしろその虚栄心のためのものであるようだ。喜八郎は新発田に生まれた。なにかで失敗して、近所じゅうに借金を残して、天秤棒一本持って夜逃げしたんだそうだ。が、あのとおりの大富豪になり、ことには男爵になるにおよんで、その郷里にこの製糸場と、そのすぐそばの諏訪神社の境内に自分の銅像を立てたのであった。

けれども、ここにもやはり、道徳的にはもう資本家主義があふれてきていた。喜八郎が自分の銅像を自分で建てることは喜八郎一人の勝手だ。しかしこの喜八郎の肖像が、麗々しく小学校の講堂にまで飾ってあるのだ。

父の家は十幾軒か引っ越して歩いた。そしてその中で三、四軒火事で焼けたほかには、ほとんどみな昔のままで残っていた。僕はその家の前を、ほとんどその引っ越し順に、いちいちまわってみた。最初の家は焼けてなかった。しかしこの家についてはなんの記憶もなかった。

そのつぎの家も焼けてなかった。小学校へはこの家から通いだしたのだから、七つか八つまでのころだと思う。隣りに大川津という大工がいて、そこに僕よりも一つ二つ年上の男の子と、やはりそのくらい年下の女の子といた。僕はその二人と友だちだった。

が、僕がそこで思い出したのは、この二人の友だちのことではなかった。それは、もう一人の、そこから四、五町離れたところにいた女の友だちのことだった。この友だちのことは、今後もたぶん幾度も出てくるだろうと思うが、仮に光子さんと名づけておく。

光子さんとは学校で同じ級だった。僕はなんとなく光子さんが好きでしかたがなかった。しかしお互いの家に交際があるのではなし、近所でもなし、ちょっと近づきになる方法がなかった。そして学校では、ぶつかりさえすれば、なにかのしかたで意地悪をしていた。

ある日僕は、家にいて、急に光子さんの顔が見たくてたまらなくなった。そしてそとにいた大川津の妹の顔をいきなりなぐりつけて、その頭にさしていた朱塗りの櫛（くし）を抜きとって、それをしっかと握ったまま、光子さんの家のほうへ駆けていった。光子さんはうまく家の前で遊んでいた。僕は握っていた櫛をそこへほうりつけて、一目散にまた逃げて帰った。

三番目の家は、三の丸という町の突き当たりの、小学校のすぐそばであった。学校は改築されてすっかり変わっていたが、その家はもうだいぶ打ち傾きながらも三十年前そのままの面影を保っていた。僕はしばらく門前にたたずんで、玄関のすぐ左の一室の窓を見つめていた。それが僕の室（へや）だったのだ。

窓の障子は取り払われていて、その奥の茶の間までも見えた。この茶の間と僕の室との間にも障子があったはずなのだ。そして僕の思い出はこの障子一つに集まった。

なにをしたのかは忘れた。が、たぶんマッチでなにかいたずらをしていたのだろう。母にうんとしかられて、そのくやしまぎれに、障子に火をつけた。障子は一度にパアと燃えあがった。母は大声をあげて女中を呼んだ。そして二人であわてて障子を押し倒して消してしまった。

この家から道をへだてたすぐ前は、尋常四年のときの教室だった。僕はその教室のあったあたりを慄（ふる）えるようにして眺めた。

受け持ちの先生は島といった。まだ二十歳(はたち)前後だったのだろう。ちんちくりんのくせに、いつも妙に口もとを引きしめて、意地悪そうに目を光らして、竹の根の鞭(むち)で机の上をぱちぱち鳴らしていた。なにかというとすぐにそれで打つのだった。僕はほとんど毎日のようにこの鞭の下に立ちすくんだ。そして僕は、その事情はよく覚えていないが、この先生のおかげで算術が嫌いになったような気がする。

その後五、六年して僕が幼年学校にいたころ、暑中休暇に、ふと道で東京でこの先生と出っくわしたことがあった。昔と同じように口もとを引きしめて意地悪そうな目つきはしていたが、僕よりもずっと背の低い、みすぼらしい風(ふう)をした、小僧のような書生だった。

この学校の先生で覚えているのは、もう一人、斎藤というもういいかげんな年の先生だった。二年か三年のときの先生だ。いつも大きな口をあけてげらげら笑いながら、いやに目尻を下げて女の生徒とばかり遊んでいる先生だった。よくいやがる光子さんなどを抱きかかえては、キャッキャッと言わしていた。

そしてなにかいたずらをすると、きっとその罰に、女の生徒の教室に立たした。教壇の上にあがらして、いっぱいに水を盛った茶碗(ちゃわん)を両手に持たして、みんなのほうに向かして立たした。僕は先生のほうから見えないのを幸いに、いつも舌を出したり目をむいたりしてみんなをからかっていた。

この教室の向こうに教員室があって、そのまた向こうに物置きの土蔵があった。僕はその教員室に幾度とめ置きを食ったかしれない。そして時々はそのまっ暗な土蔵の中にも押しこまれた。そこには古い机や椅子が積み重ねられてあった。だんだん目がなれてくると、鼠(ねずみ)がその間をちょろちょろするのがよく見えた。あんまり長く置かれると、退屈して、よくそこに糞(くそ)をたれてやった。

が、生徒の面倒をよく見てくれたのは、それらの先生ではなくって小使（こづかい）だった。背の低い、いつもにこにこしたのと、背の高い、でこぼこの恐い顔のと、二人いた。二人とも、ひまがあると、小使室で、大きな炉の中の大きな鉄瓶の前で、網をすいていた。僕はよく先生にしかられてはこの小使室へ甘えに行った。そして小使の言うことは僕もよく聞いた。

三

　こうして僕は毎日学校で先生にしかられたり罰せられたりしていた間に、家でもまた、始終母に折檻（せっかん）されていた。母の一日の仕事の主な一つは、僕をどなりつけたり打ったりすることであるようだった。

　母の声は大きかった。そしてその大きな声で始終なにか言っていた。母を訪ねてくる客は、たいがい門前までくるまでに、母がいるかいないか分るというほどだった。その大きな声をいっそう大きくしてどなりつけるのだ。そしてそのしかりかたも実に無茶だった。

「また吃（ども）る」

　生来の吃りの僕をつかまえて、吃るたびにこう言ってしかりつけるのだ。せっかちの母は、僕がぱちぱち瞬（まばた）きしながら口をもぐもぐさせているのを、黙って見ていることができなかったのだ。そして「たたたた……」とでも吃りだそうものなら、もうどうしても辛抱ができなかったのだ。そしてこの「また吃った」ばかりで、横っ面をぴしゃんとやられたことが幾度あったかしれない。

「栄」

と大きな声で呼ばれると、僕はきっとまたなにかのいたずらが知れたんだろうと思って、おずおずしながら出ていった。

「箒を持っておいで」

母は重ねてまたどなった。僕はしかたなしに台所から長い竹の柄のついた箒を持っていった。

「ほんとにこの子は馬鹿なんですよ。箒を持ってこいと言うと、いつも打たれることが分っていながら、ちゃんと持ってくるんですもの。そして早く逃げればいいのに、その箒を振りあげてもぼんやりして突っ立っているんでしょう。なお癪にさわって打たないわけにはいかないじゃありませんか」

母は僕の頭をなでながら、やはり軍人の細君の、仲よしの谷さんに言った。

「でも、箒はあんまりひどいわ」

谷のお母さんもやはり家の母と同じように大勢の子持ちだった。そしてやはりよくその子どもを打った。しかし母にこの抗議をする資格は十分にあったのだ。

「そりゃ、ひどいとは思いますがね。もうこう大きくなっちゃ、手で打つんではこっちの手が痛いばかしですからね」

谷のお母さんは、優しい目で「でも、ひどいわね」という意味を僕に見せながら、それでもやはりこれには同感していたようだった。そして話はお互いの子どもの腕白さに移っていった。

が、僕は母の言うこの「馬鹿なんですよ」に少々得意でいた。そして腹の中でひそかにこう思っていた。

「箒だってそんなに痛かないや。それに打たれるからって逃げる奴があるかい」

父はちっともしからなかった。

「あなたがそんなだから、子どもがちっとも言うことを聞かないんですよ」

母はよく父を歯がゆがって責めた。そして日曜で父が家にいるときには、きょうこそはぜひしかってくださいとせまった。

「きょうは日曜だからな、あしたうんとしかってやろう……うん、そうか、またけんかをしおったのか……なに、勝った？　……うん、そりゃえらい、でかした、でかした……」

父は母がせまればせまるほど呑気だった。

母は食べものにずいぶん気むずかしかった。ことに飯にはやかましかった。

「僕のもめっかちだよ」

母が飯の小言を言うと、僕もすぐそれについて雷同した。

「心が曲がっていると、めっかちのご飯が行くんだ。お父さんのなんか、そりゃおいしい、いいご飯だ」

僕は父がこう言うんで、ほんとうかしらと思って、無理に父の茶碗の飯を食ってみた。しかしそれは、もちろん、やはりめっかちだった。

父はこんなふうで、女中らにも小言一つ言ったことがなかった。

父は家のことも子どものこともすっかり母に任しきりにしていたのだ。それで、小言も言わない代わりに、家のことや子どもらとはまるで没交渉でいたのだ。朝早く隊へ出て、夕方帰ってきて、夜はたいがい自分の室(へや)でなにか読むか書くかしていた。で、子どもらは朝飯と夕飯のときのほかは、めったに父といっしょのことはなかった。

それでも父は僕を軍人に仕込むことだけは忘れなかったようだ。父が日清戦争に行く前のことだから、僕がまだ九つか十のときだ。父は毎日ほかの士官らといっしょに、家のすぐ前の練兵場の射的場で、ピストルの稽古をした。それにはきっと僕を連れていった。そして僕にもピストルの撃ちかたを教えて撃たしてみた。

僕が父の馬に乗るのを覚えたのも、やはりそのころのことだった。

また、その日清戦争から帰ってきてからは、一里ばかりある大宝寺(だいほうじ)という、ほんとうの実弾射撃をやる射的場へ連れていった。そしてそこでは、ビュービュー頭の上へ弾丸(たま)が飛んでくる、的の下の穴の中へ連れていかれた。

十四か五のときには刀剣の見かたを教わった。刀屋が刀を持ってくると、僕もきっとその席に出しやばっていた。そして無銘の新刀を一本もらって、藁(わら)の中に竹を入れて束ねたのを試し斬りをやらされた。スパリスパリと気持よく斬れた。

幼年学校にはいってからは、暑中休暇にぜひ一度、佐渡(さど)へ地図を取りに連れていくと言っていたが、これは父のほうにひまがなくって果たされなかった。そして一、二度、一、二泊の近村への演習に連れていかれた。

それと、幼年学校にはいる前に父からドイツ語を少し教わったほかには、僕は子どものときの父との親しい交渉をあまり覚えていない。

日清戦争前には、僕の家は、いま言った練兵場に沿うた、片田町というのにあった。四番目の家だ。これも焼けてなかった。

そのころの僕の遊び場は練兵場だった。

射的場と兵営のお濠との間に障害物があった。これは、二、三百メートルばかりの間に、灌木の藪や、石垣や、濠や、独木橋や、木柵などを並べ立てたもので、それを兵隊が競走するのだった。僕はそこで毎日猿のように、藪を飛び、濠を越え、橋を渡って遊んでいた。兵隊が競走しているそばへ行って、それといっしょに走りだしても、たいがいは僕が先登だった。それが飽きると、というよりもむしろ、もう夕方近くなって兵隊がみな隊に帰ると、僕はよく射的場の弾丸を掘りに行った。

大宝寺のほうの弾丸は鉛の細長いのだったが、ここのは丸かった。昔の単発銃のだからずいぶん大きかった。僕はそれを四十も五十も拾ってきては、それを溶かして、いろんな形をこしらえて喜んでいた。

この弾丸を掘ることは一つの冒険だった。時々衛兵が見まわりにきた。衛兵でない兵隊もよくそこを通った。で、普通は、夜暗くなってからでなければ取りに行かなかったのだ。

が、僕のこの例を見て、仲間がだいぶ増えた。そしてその仲間らは、僕がいっしょにいれば見つかって捕まっても大事はないと思ったのか、いつも僕を誘っては取りに行った。僕はこの仲間の中にはいって妙なことを発見した。それは、みんなの弾丸を一つにまとめて、ジャンケンで番をきめて、どこかへそれを売りに行くのだった。そして帰りにはなにかの菓子を買ってきた。僕も一度その仲間入りをした。もっともジャンケンだけはのがれた。それがどうしたわけだったか、その一度きりで僕はまた仲間はずれになってしまった。この仲間というのは、町はずれの、ちょっと貧民窟といったようなところの子どもらだった。

この家の裏に広い竹藪(たけやぶ)があった。栗だの、柿だの、梨だの、梅だのの、いろんな果物の木もあった。そしてその竹藪には、孟宗(もうそう)のほかに、細い、その竹の子をおもちゃにしてボンボン吹いて鳴らす竹があった。やはりどうかした拍子に急に会いたくなって、僕は一度、その竹の子を持って光子さんのところへ行ったことがあった。

しかしこの竹藪はそんな優しいことばかりには使われなかった。

新発田(しばた)は新発田町(まち)というのと、新発田本村(ほんそん)というのと二つに分れていた。町というのは昔の町人町で、本村というのは侍屋敷のあったところだ。今でもやはりそうだが、その当時もやはりだいたいそうなっていた。小学校も尋常小学校は別々にあった。そしてこの町と本村では、風俗にも気風にもだいぶ違うところがあった。

町の子が練兵場に遊びにくると、彼らは障害物もなにもできないので僕らはよく彼らをからかったりいじめたりした。そんなことがいろいろと重なって、とうとう町の子と僕らとの長い間解けなかった大げんかとなった。

僕らのほうは十二、三の子が十人ほどいた。士官の子は僕一人で、あとはみな土地の子だった。そして僕は十で一番年下だった。町のほうは二十人ぐらいから三十人ぐらいまでいた。年はやはり十二、三が多いのだが、十四、五のも三、四人まじっていた。

戦争はたいがい片田町(かたたまち)から町のほうの仲町(なかまち)というのに通ずる竹町(たけやちょう)でおこなわれた。いつも向こうから押しよせてくるので、僕らはそれを竹町の入口で防いだのだった。竹町というのは、わりに道幅も広く、それに両側に家がごくまばらだったので、暗黙の間にそこを戦場ときめてしまったのだ。

僕は家の竹藪から手ごろの竹を切ってきてみんなに渡した。手ぶらできた敵は、それでもう第一戦で負けてしまった。

つぎには彼らもやはり竹竿を持ってきた。しかしそれは、多くは、長い間物干しに使ったのや、あるいはどこかの古い垣根から引っこぬいてきたのだった。接戦がはじまって、両方でパチパチ叩き合っているうちに、彼らの竹竿はみな、めちゃくちゃに折れてしまった。

二度とも僕は一番先登にいたんだが、向こうでもやはり二度とも同じ奴が先登にいた。そいつは仲町の隣りの下町の、ある豆腐屋の小僧で、頭に大きな禿があるので、それを隠すためにちょんまげを結っていた。もう十五、六になっていたんだろうが、けんかが馬鹿に好きで、一銭か二銭かでけんかを買って歩くという男だった。このときにもやはりいくらか出して敵の仲間に入れてもらったのだ。僕はそいつが気味が悪いのと同時に、憎らしくってたまらなかった。で、どうかしてそいつをとっちめてやろうと思っていた。

三度目のときは石合戦だった。両方で懐にうんと小石をつめこんで、遠くからそれを投げ合っては進んでいった。どうしたのか、敵のほうが早く弾丸がなくなって、そろそろ尻ごみしはじめた。僕はどしどし詰めよせていった。敵は総敗北になった。が、ちょんまげ先生ただ一人、踏みとどまっていて動かない。とうとうみんなでそいつをおっ捕えて、さんざんに蹴ったり打ったりして、そばのお濠の中へほうりなげて、凱歌をあげて引きあげた。

四

僕はこんなけんかに夢中になっている間に、ますます殺伐なそして残忍な気性を養っていったらしい。なんにもしない犬や猫を、見つけしだいになぐり殺した。そしてある日、例の障害物のところで、そのときにはことさらに残忍な殺しかたをしたように思うが、とにかく一匹の猫をなぶり殺しのようにして家に帰った。自分でもなんだか気持が悪くって、夕飯もろくに食わずに寝てしまった。

母はなんのことども知らずに、心配して僕の枕もとにいた。だいぶ熱もあったんだそうだ。夜中に、ふいと僕が起きあがった。母はびっくりして見守っていた。すると僕が妙な手つきをして、「にゃあ」とひと声鳴いたんだそうだ。母はすぐにすべてのことが分った。

「ほんとうに気味が悪いのなんのって、私、あんなことは生まれてはじめてでしたわ。でも私、猫の精(せい)なんかに負けちゃたいへんだと思って、一生懸命になって力(りき)んで、『馬鹿ッ』とどなるといっしょに平っ手でうんと頰(ほっ)ぺたをなぐってやったんです。すると、それでもまだ妙な手つきをしたまま、目をまんまるく光らしているんでしょう。私もうたまらなくなって、もう一度、『意気地なし、そんな弱いことで猫などを殺す奴があるか、馬鹿ッ』とどなって、また頰ぺたを一つ、ほんとうに力いっぱいになぐってやったんです。それで、そのまま横になって、ぐうぐう寝てしまいましたがね。ほんとうに私、あんなに心配したことはありませんでしたよ」

母はよくこう言って、そのときのことを人に話した。そして僕は、そのとき以来、犬や猫を殺さないようになった。

やはり片田町のその家にいたときのことだ。

正月に下士官が大勢遊びにきた。父はしばらくそのお相手をしていたが、やがて奥の自分の室にはいって寝てしまった。父は酒が飲めないんで、少しでも飲むとすぐに寝てしまうんだった。

下士官らはまだ長い間座敷で飲んでいた。が、そのうちに、だれか一人が「副官がいないぞ」とどなりだした。

「けしからん、どこへ逃げた」

「引きずってこい」

「こなけりゃこれで打ち殺してやる」

へべれけに酔った四、五人の曹長どもが、長い剣を抜いて立ちあがった。僕はそのつぎの室で、母や女中といっしょに、どうなることかと思ってはらはらして聞いていた。

「奥さん、副官をどこへ隠した？」

曹長どもはその間の襖をあけて母にせまってきた。僕は母にぴったりと寄り添っていた。女中は青くなって慄えていた。

「どこへも隠しゃしません。宿もまたどこへも逃げ隠れはしません。さあ、私がご案内しますからこちらへいらっしゃい。宿は自分の室でちゃんと寝ているんです」

母はこう言いながら突っ立って、

「栄、おまえもいっしょにおいで」

と僕の手をとって、さっさと父の室のほうへ行った。そしてそこの襖をあけて、

「さあ、みなさん、このとおりここに寝ているんです。突くなり斬るなり、どうなりともお勝手にな

さい」

と、きめつけた。僕も母のこの元気に勢いを得て、どいつでもまっさきにこの室へはいってくる奴に飛びついてやろうと、小さな握り拳をかためて身がまえていた。

が、曹長どもは母の剣幕に飲まれて、うしろのほうから一人逃げ二人逃げして、とうとうみんな逃げ出してしまった。そして早々にして帰ってしまった。

翌日、その下士官どもが一人ずつあやまりにきた。僕は母といっしょに玄関に出て、そのしょげ返ったようすを見て、痛快でもあり、またおかしくてたまらなかった。

父が日清戦争で出征するとすぐ、竹町とは反対のほうの片田町の隣りの、西ヶ輪という町に引っ越した。斎藤という洋服屋の裏の小さな家だった。そして父がまだ宇品で御用船の出帆を待っている間に、母に男の子が生まれた。父から「イサムトナヲツケヨ」と電報がきた。三の丸では次弟が生まれた。片田町では三番目の妹が生まれた。そして、これで僕は三人の妹と二人の弟との五人の兄きとなった。母はこの六人の子と一人の女中と都合八人で、二階一間下三間の、庭もなんにもない小さな家に引っこんだのだ。片田町の家は七間か八間あった。そしてできるだけの倹約をして貯金をはじめた。

母は仮名のほかは書けないので、手紙の上封はみな僕が書かされた。中味も、父と山田の伯母へやるののほかは、たいがい僕が書かされた。母が口で言うのを候文になおして書くんだが、まだ学校で教わらないような用事ばかりなので閉口した。母はずいぶんもどかしがりながらも、そのできあがるのを喜んで、自慢で人に見せていた。しかし僕は、それよりも、よそからくる手紙を母に読んで聞かせるほうが、よほど得意だった。

ある日僕は学校から帰ってきた。そしていつものとおり「ただいま」と言って家にはいった。が、それと同時に僕はすぐハッと思った。母と馬丁（ばてい）のおかみさんと女中と、それにもう一人だれだったか男と、長い手紙を前にひろげて、みんなでおろおろ泣いていた。僕はきっと父になにかの異状があったのだと思った。僕は泣きそうになって母の膝のところへ飛んでいった。

「いまお父さんからお手紙がきたの。たいへんな激戦でね、お父さんのお馬が四つも大砲の弾丸（たま）に当たって死んだんですって」

母は僕をしっかりと抱きしめて、赤くはれあがった大きな目からぽろぽろ涙を流して、その手紙の内容をざっと話してくれた。

場所は威海衛（いかいえい）だ。父の大隊は海上に二隻日本の軍艦が浮かんでいるので、安心して海岸のほうへまわっていった。するとその軍艦が急に日章旗をおろして砲撃をはじめた。それが鎮遠（ちんえん）、定遠（ていえん）〔清国の主力艦〕だとかいうことだった。父の大隊は驚いて逃げ出した。するとこんどはその逃げ出すさきの丘のほうから、味方の軍隊が盛んに鉄砲を撃ちだした。たぶん、日本の軍艦から砲撃されるんだから敵の軍隊だろうと思ったんだろう、ということだった。父の大隊は敵と味方とに挟み撃ちされて進退きわまった。

大隊の副官であった父は、すぐに大隊長と相談して、その味方の軍隊まで伝令に行った。敵の砲弾はますます花火のように散る。味方からの弾丸（たま）もますます霰（あられ）のように飛んでくる。父はその間を二人の騎兵を連れて駆けていった。が、その一人はすぐに倒れてしまった。そして父の馬もまた続いて倒れてしまった。父はしかたなしにもう一人の騎兵をそこに残して、その馬を借りてまた駆け出していった。

「それで首尾よく任務は果たしたんだそうだがね、かわいそうにお馬は、お腹と足と四つも弾丸を受けて、その場で死んでしまったんですとさ。お父さんのお身代わりをしたんだわね」

母はこう言ってまた大きな涙をぽろぽろと流した。馬丁のかみさんも女中もまたいっしょになって泣いた。しかし僕は、あの馬が父の身代わりをしてくれたのかと思うと、なんだかこう非常に勇ましいような気がして、どうしても泣けなかった。

父が凱旋してきてから、ある日家で、その当時の同じ大隊の士官連が集まって酒を飲んだことがあった。

「奥さん、この男がそのときに即死の電報のあった男ですがね。そのはずですよ。今でもまだこんな大きな創が残っているんですからね」

もうだいぶ酒がまわったころに、一人の士官がもう一人の士官の肩を叩いて言った。そして、

「おい、貴様はだかになれ、なに、かまうもんか、名誉の負傷だ。ね、奥さん」

と言いながら、無理にその士官をはだかにさせてしまった。酒に酔ってまっ赤になっている背中の、左の肩から右の脇の下にかけて、大きな創あとの溝が掘れていた。

「このとおり、腕が半分うまってしまうんですからな」

最初の士官が腕をのばして、それをその溝の中へ当てがってみせた。実際その腕は半分創あとの中にうまっていた。

さすがの母も「まあ」と言ったきり顔をそむけていた。僕も少し気味が悪かった。

父の馬もこの士官と同じように、いったん即死を伝えられたのちに生き返って、ちんばになって帰

ってきた。父は母と相談して、生涯飼い殺しにしたいと言っていたが、そうもできないものと見えてその後払い下げになってしまった。

父はこの功で金鵄勲章をもらった。

僕は今まであちこちの父の家が焼けてなくなっていたと書いてきた。それは、やはりこの日清戦争で留守の間に、与茂七火事という大きな火事があったのだ。

幾月ごろか忘れたが、もう薄ら寒くなってからのことのように思う。ある夜、十一時ごろに、火事が起きた。僕のいた西ヶ輪は新発田のほとんど西の端で、その火もとはほとんど東の端だった。で、一時間ばかりは、家でその火の手のあがるのを見ていた。が、火は容易に消えそうもなかった。ますます火の手が大きくなって近所へ燃え移っていくようだった。

僕はすぐ走って見に行った。そして一時間か二時間あちこちで見物していた。あるときには火のすぐそばまで行ってみた。というよりもむしろ、火にすぐそばまで追っかけられてきた。火事場から四町も五町も遠くで見ていたつもりなのに、うっかりしているうちにもう火がすぐそばまできていた。火炎の舌が屋根をなめるようにして走ってくるのだ。そして、僕は、そうこうしているうちに、火事場へ走っていく人はほとんどなくなって、火事場のほうから逃げてくる人ばかりなのに気がついた。

長い間天気が続いて、薄い板の木っ葉屋根がそり返るほどに乾ききっていた。火はこの屋根の上を伝って、あちこちの道に分れて、しかもそれがみな飛ぶようにして走りまわるのだ。ついには消防夫すらも逃げて帰った。

僕もあわてて家のほうへ走った。そして二、三町行ったころに、今までそのそばで見ていた鬼子母神(じん)という寺に火のついたのを見た。茅(かや)ぶきの大きな屋根だ。それがその屋根いっぱいの大きな火の柱になって燃えだした。

火はまだ僕の家からは七、八町のところにあった。しかし僕はもう当然それが僕の家まで燃えてくるものと思った。僕は家に帰ってすぐ母に荷物を出すようにと言った。近所でももうみな荷ごしらえにかかっていたのだ。

「見っともないからそんなにあわてるんじゃない」

母はこう言ってなかなか応じない。しかし火の手はだんだん近づいてくる。僕はもう一時間としないうちにきっと火がここまでくると思った。そして母にせめては荷ごしらえでもするようにせまった。

「荷物は近所でみな出してしまってからでも間に合います。あんまり急いで、あとで笑われるようなことがあってはいけません。まあ、もう少しそこで見ていらっしゃい」

母はこう言いながら、しかし女中にはなにか言いつけていたようだった。そしてしばらくして僕を呼んだ。

「もういよいよあぶないから、おまえは子どもをみんな連れて立ちのいておくれ。練兵場のまん中の、あの銀杏(いちょう)の木のところね。あそこにじっとしているんだよ。いいかい、決してほかへは行かないようにね」

母はふろしき包みを一つ僕に持たしてこう言った。そしてすぐの妹に一番下の弟をおんぶさした。

西ヶ輪をまっすぐに行けば、三、四町でもう練兵場の入口なのだ。練兵場にはもうぼつぼつ荷物が持ちこまれてあった。僕らは母の言いつけどおり銀杏の木の下を占領した。

この銀杏の木は前に言った射的場ともとの僕の家の間にあった。そしてその家にはやはり軍人の秋山というのが住んでいた。母はその「秋山さんの伯母さんにみんなが銀杏の木の下にいることを知らしてお置き」と注意してあった。

秋山家では呑気(のんき)でいた。裏は広し、近所は離れているし、どんなことがあっても大丈夫だと安心していた。が、僕がその家を出て銀杏の木の下に帰るか帰らないうちに、僕は大きな火の玉のようなものがそこの屋根へ落ちたのを見た。そしてアッと思っているうちに、それがパッと燃えあがった。

母と女中が少しばかりの荷物を持ってやってきた。僕は布団にくるまって寝てしまった。

火は昼ごろまで続いて、新発田のいわゆる町のほとんど全部と本村の一部分の、二千五百戸ばかりを焼いてしまった。

与茂七火事というのは、その幾十年か前にも一度あったんだそうだ。与茂七というのが無実の罪でひどい拷問にあって殺されてしまった。そのたたりなんだそうだ。そして現に、いま言った秋山家の家は、当時その拷問をした役人の一人の家だったそうだ。それで近所はみな焼け残ったのに、特にその家だけが焼けたのだそうだ。僕の見た火の玉というのもほかに見たという人が大勢あった。ほかにもまだ、だいぶあちこちにそういった家があった。そしてそれは、秋山家をはじめほとんどみな、大きな茅ぶきの古い家だった。僕のいたその家のあとは、いまだに、まだ家もできずに広い空き地になっている。

大倉喜八郎の銅像が立っている諏訪(すわ)神社の境内に、与茂七神社という小さな社(やしろ)がある。これはその後、与茂七を祀(まつ)ったものだ。

少年時代

一

焼け出されの僕らは、翌日の夕方、やはり軍人仲間の大立目という家に同居することになった。練兵場に沿うた、小学校の裏の家だった。

　そこにも子どもが六、七人いた。その一番上のが明といって、学校も年も僕より二年上だった。僕はその明の少しぼんやりなのをふだんから軽蔑していた。そして引っ越し早々けんかをはじめて、その翌日、家の前の溝の中に叩きこんでしまった。

　明は泥だらけになって泣いて帰った。そしてそのお母さんから、「年上のくせに負けて泣く奴があるか」としかられて、着物を着がえさせられる前に二つ三つ頰(ほお)をなぐられた。

　母は珍しくたいして僕をしかりもせずに、すぐどこかへ出かけていった。そしてその翌日の朝早く、八軒町裏(はちけんちょううら)という町の、小学校のある女の先生の家に引っ越した。玄関とも入れて三間ばかりの家の六畳の座敷を借りたのだ。先生は一人でそのつぎの間にいた。

「おまえがけんかなんぞするものだから……」

　母はこう言ってちょっと僕をにらみながら、こんどはなにか荷物を片づけている女中のほうに向いて、

「ほんとうにこの子が少し負けてくれればいいんだがね……」

と眉をしかめてみせながら、それでも、

「こんどは相手が先生なんだから……」
と笑っていた。

半月ほどその家にいるうちに、四、五軒さきの小さな家があいて、そこへ引っ越した。

大きな一郭の中に、三つ建物があって、その一つが二軒長屋になっていた。その一軒に横井というたぶん軍属がいて、もう一軒のほうに僕らが住んだのだ。一番大きな建物には石川という少佐の家があった。その家は、ほかの二つの建物とは裏合わせになって、特に塀で区画されて、八軒町という町のほうに向いていた。もう一つの僕らのほうと隣りの建物には、山形というやはり少佐か大尉かの家がいた。僕の父もそのころは戦地で大尉になっていた。

山形の家には僕よりも二つ三つ上のを頭に四、五人男の子がいた。その一番上の太郎というのは、会津の中学校にはいっていて、めったに家には帰らなかった。そのつぎの次郎がちょうどいい僕の友だちだった。石川の家にも男の子が二人いた。その上の四郎というのは山形の一番上のと同じ年恰好だった。横井の家にも僕と同じ年ごろの男の子が一人いた。それともう一人、石川の家の筋向かいの、大久保という大尉の家の子どもと、それだけがすぐに友だちになってしまった。もっとも横井の「黄疸」だけは僕のほかのだれも相手にしなかった。そしてその僕もいじめることのほかにはあまり相手にしなかった。

しかしみんなはあまり仲のいい友だちではなかった。けんかはしなかったが、お互いに軽蔑し合っていた。石川と大久保とは古くから向かい合って住んでいて仲がよかった。僕はこの二人のレファインされたお坊ちゃんらしさが気に食わなかった。二人は僕の野生的なのを馬鹿にしていたようだった。

山形の次郎もお坊ちゃんだった。が、彼は長い間町のほうに住んでいて、町の小学校に通っていたところから、石川や大久保とは違ったレファインメントを持っていた。したがってその二人とほんとうに親しむことはできなかった。僕はその山形の中にも多分の野獣性が潜んでいるのを見ていた。しかしその町人らしいレファインさはたまらなくいやだった。彼は多くはその弟を相手に遊んでいた。僕はたいがい横井の「黄疸」をいじめて暮らしていた。栄養不良らしいその黄色な顔から、僕らは彼をそう呼んでいたのだ。横井はその妹の、やはり痩せた黄色い顔をしたのと、寂しそうに遊んでいた。

お互いの母どうしの間にも親しい交際はまるでなかった。

その山形の家からお化けが出た。

夜中に、台所で、マッチをする音がする。竈（かまど）の火の燃える音がする。まな板の上でなにかを切る音がする。足音がする。戸棚をあける音がする。茶碗（ちゃわん）の音がする。話し声がする。そうした騒ぎが一時間も続くのだ。

ある晩、山形の「伯母さん」というのが、便所へ行った帰りに、手を洗おうと思って雨戸をあけた。まんまるい大きい月が庭の松の木の間に引っかかっているように見えた。庭はその月あかりで昼のように明るかった。伯母さんは手洗鉢のほうへ手をやった。鉢の中の水にもまんまるい月が映っていた。が、その水をくもうとすると、急にバラバラと大粒の雨が降ってきた。おかしいなと思って顔をあげると、雨もなんにも降っていないで松の木の間にはやはりまんまるい月があかあかと光っていた。伯母さんは再び手洗鉢のほうへ手をやった。すると、急にまた、バラバラと降ってきた。伯母さんは恐ろしくなって、そのまま、寝床へ逃げて帰った。

翌晩、伯母さんはまた夜遅く目がさめた。そしてまた便所へ行きかけた。障子をあけた拍子に伯母さんの足もとに、なんだか重そうなものがバタンと落ちた音がして、それが向こうのほうへころころと転がっていった。伯母さんは気味悪がりながら、暗をすかしてその転がっていくのを見ていると、それがまっ暗な中にはっきりと大きな人の首に見えた。伯母さんはそのままキャッと叫んでそこに倒れてしまった。

それから二日目か三日目かの晩に、伯母さんは、こんどは大入道が突っ立っているのを廊下で見た。山形家は大騒ぎになった。もといた家の近所の、町の若衆が四、五人泊まりにきた。みんなは樫の棒を一本ずつ横に置いて夜じゅう飲みあかした。それで二晩三晩はお化けが出なかった。が、その若衆連が帰ると、すぐまたお化けが出た。

そんなことが幾度も繰り返されているうちに、最後に、山形のお母さんがふだんから信心している、ある坊さんが祈禱にきた。そしてその坊さんは幾晩か泊まっていったようだった。

その祈禱のおかげでお化けが消えてなくなったかどうかは今よく覚えていない。しかしこの坊さんというのがどうもくせ者だったように思われる。

石川や大久保の家ではこのお化けの話をてんで相手にしなかった。そしてそれを、要するにその坊さんを泊まりこませたい、なんらかの策略のようにうわさしていた。山形のお母さんというのはちょっと意気なところのある人だった。

それから、やはりそのころのことだが、戦勝の祈禱と各自の夫の無事を願う祈禱との、夫人連の会があった。その祈禱にはやはり今ここに問題になっている坊さんが出たのだった。そしてその席上で、どことかの奥さんが、その坊さんの肩にしがみついたとかどうとかいう話もあった。また、その坊さんのお寺というのは、新発田から三里ばかりある菅谷という山の中にあるのだが、そこまでわざわざお参りに行った奥さんもあった、というような話もあった。

が、このお化けは僕の家にもたった一度出た。母はなにかの病気で一週間ほどどこかの温泉へ行っていた。その留守のある晩に、僕のすぐの妹と女中とが夜中にふと目がさめてどうしても眠られずにいる間に、台所のほうで例のカタカタコトコトがはじまった。二人はものも言わずに慄えていた。が、それと同時に、横井の家の小さな飼い犬が盛んに吠えだした。そしてわずか二、三分の間にお化けは逃げ出してしまった。

しかし妹らと隣りの室に寝ていた僕はなんにも知らずに眠っていた。そして翌日その話をされたときにも「馬鹿な」と言って笑っていた。が、女中は恐いのと心配なのとで、母に電報を打ってすぐ帰ってもらった。母は「お母さんとお兄さんとがいれば大丈夫だ」と言ってみんなを慰めていた。そして実際母はなんにも心配しているようには見えなかった。

その後四、五年して、名古屋の幼年学校で山形の太郎と会ったとき、自分はこの耳でその音を聞いたんだからどうしてもあのお化けを信ずると言っていた。山形は僕より二年前に幼年学校にはいっていたのだ。

お化けはまた戦死した軍人の家にも出た。

ある若い細君が、夜中にふと自分の名を呼ばれたような気がして、目をあけた。するとその枕もとに、血だらけになった夫が立っていた。

そしてその細君は、翌朝、夫の名誉の戦死の電報を受け取った。

二

二、三カ月その家にいたあとで、二軒町という隣り町の、高等小学校のすぐ前に引っ越した。そして、そこではじめて、十の年の暮れに、僕は性の遊びを覚えた。

同じ焼け出されの軍人の家に川村というのがあった。そのお母さんと娘とがすぐ近所に間借りをしていた。母とそのお母さんとは兄弟のように親しくしていた。僕もそのお母さんは大好きだった。が、それよりも僕は、その娘のお花さんというのがもっと大好きだった。

お花さんは僕とおない年か、あるいは一つぐらい年下だった。ほとんど毎日僕の家に遊びにきた。そしてたいていは、妹らと遊ばずに、僕とばかり遊んでいた。

みんなでいっしょに遊ぶときには、よくみんなが炬燵(こたつ)にあたって、花がるたかトランプをして遊んだ。そんなときにはお花さんはきっと僕のそばに座を占めた。お花さんの手と僕の手とは、おりさえあれば、炬燵の中でしっかりと握られていた。あるいはそっとお互いの指先でふざけ合っていた。そして二人で、お互いにいい気持になって、知らん間にそれをほんとうの×××びに使っていた。

が、お花さんも僕も、それだけのことでは満足ができなかった。二人は、二階の僕の室(へや)で、よく二時間も三時間も暮らした。そしてそこでは、だれに憚(はばか)ることもなく、大人のようなことをして遊んでいた。

そのころ僕にはもう一人の女の友だちがあった。それは、やはり近所に住んでいた、千田という軍人の娘だった。

　ある日僕は、どんないたずらをしたのか忘れたが、母に「あやまれ」といってせまられた。が、せまられればせまられるほど、ますますあやまることができなくなった。

　夕飯が済んでから、母は「もうこんな強情な子の世話はできないから、東京の山田の伯母さんのところへ行ってしまう」と言って、女中や子どもらにみんなに着物を着がえさして、小さな行李(こうり)を一つ持ってみんなでどこかへ出かけていった。僕は東京へ行くというのは嘘(うそ)だろうと思ったが、そのやりかたが大げさなので、実際どこかへ行ってしまうのじゃあるまいかと心細くなった。しかし、なんだってあやまるものかと思いながら、しかたなしに床をしいて寝ていた。

　二、三時間して、玄関へどやどやと大勢はいってくる声がした。母をはじめ出ていったみんなと、千田のお母さんと娘の礼ちゃんとがきたのだ。

「伯母さんがあやまってあげるから、もう決してしないっておっしゃいね」

　千田のお母さんは僕の枕もとにきてしきりに僕を説いた。が、それが母と相談のうえだと思うと、なお僕はあやまりたくなくなった。

「ざまあ見ろ。とうとうみんな帰ってきたじゃないか」

　僕はひそかにそう思いながら、黙って布団を頭からかぶっていた。

「あのとおり強情なんですからね……」

　母はそう言いながら、またなにかおどかす方法を相談しているようだった。

「あなたもまたいいかげんに馬鹿(ばか)はおよしなさいよ」

　千田のお母さんは母をたしなめて、このまま黙って寝かしておくようにとすすめていた。

　その間に礼ちゃんが僕のそばへやってきた。そしてそっとその手を布団の中に入れて僕の手を握った。

「ね、栄さん、私があやまってあげるわね。いいでしょう、もう決してしないから勘弁してくださいってね。私が代わりにあやまってあげるわ。ね、いいでしょう。もうあやまるわね」

礼ちゃんは布団をまくって、じっと僕の顔を見ながら、「ね、ね」と幾度も繰り返して言った。僕の堅くなっていた胸が、それでだんだん和らいでいった。そしてとうとう僕は黙ってうなずいてしまった。

お花さんは町のほうの小学校に通っていた。礼ちゃんは僕よりも一年下の級だった。そして光子さんは僕と同じ級だった。

礼ちゃんの級では、礼ちゃんが一番評判の美人だった。学科のほうでもやはり一番だった。光子さんの級では、光子さんが一番できがよかった。しかしきれいという点の評判では、有力な一人の競争者を持っていた。それは絹川玉子さんといった。

玉子さんは休職軍人の娘だった。まる顔の、頬の豊かな、目の小さくまるい、かわいらしい子だった。しかし僕は、そのどこかしら高慢ちきなのが、気に食わなかった。着物もいつもきれいなのを着ていた。そして妙にそり返って、ゆったりと足を運んで歩いていた。いま考えても、ちょっとこう、小さな公爵夫人というような気がする。

光子さんは衛戍病院のごく下級な薬剤師かなにかの娘だった。彼女の着物はいつも垢じみていた。細面で、頬はこけていた。そして、玉子さんのように色つやのいい赤味ではなく、なんだかこう下品な赤味を帯びていた。目は細く切れていた。

ある日僕は玉子さんを道に要して通せんぼをした。彼女はなんにも言わずに、ただ頬をふくらして、じっと僕をにらめていた。僕はそうした彼女の態度が大嫌いだったのだ。それがもし光子さんであれば、彼女はきっと「いやよ」とかなんとか叫んで、僕の手を押しのけていこうとするのだ。そしてそれを望みで僕はよく彼女を通せんぼした。

美少年の石川や大久保は玉子さんびいきだった。それで僕は、なおさら玉子さんを嫌って光子さんびいきになった。

二軒町のその家の隣りに、吉田という、近村のちょっとした金持ちが住んでいた。

僕はそこのちょうど僕と同じ年ごろの男の子と友だちになった。が、すぐに僕は、その男の子と遊ぶのをよして、そのお母さんと遊ぶようになった。

この伯母さんは、火事で火の子をかぶったのだと言って、髪を短く切っていた。どちらかの眉の上に大きな疣（いぼ）のようなほくろのある、あまりきれいな人ではなかった。

伯母さんはその子と僕とにちょいちょい英語や数学を教えてくれた。そしていつも僕が覚えがいいと言っては、そのごほうびに、僕をしっかりと抱きかかえて頬ずりをしてくれた。僕はそのごほうびがうれしくてたまらなかった。

「私はね、こんな家へお嫁にくるんじゃなかったけど、だまされてきたの。でも、今にまたこんな家は出ていくわ」

伯母さんはその子どものいないときに、いつものごほうびで僕を喜ばせながら、そんな話までして聞かした。そして実際、その後しばらくして出ていったらしかった。

この家の裏は広い田んぼだった。そして雨のしょぼしょぼと降る晩には、遠くの向こうのほうに、狐の嫁入りというのが見えた。

提灯のようなあかりが、一つ二つ、三つ四つずつ、あちこちに見え隠れする。はじまったな、と思っていると、それが一列に幾町もの間にパッと一時に燃えたり、また消えたりする。そうかと思うと、こんどはそれが散り散りばらばらになって、遠くの田んぼ一面にちらちらきらきらする。

吉田の伯母さんは、「これはきっと硫黄のせいよ」と言って、ある晩僕らがまだ見たことのない蠟マッチを持ち出して、雨にぬれた板塀に人の顔を描いてみせた。青白い、ぼやけた輪郭の、ぼっぽと燃えているようなお化けがそこに現れた。僕はおもしろ半分、恐さ半分で、伯母さんの言いなりしだいに、指先でお化けの顔をいじってみた。するとこんどは僕の指先から青白い光が出た。それを僕はお化けの顔のまわりのあちこちに塗りつけた。そしてその塗りつけたあとがみんな青白い光になってしまった。

「よく恐がらずにやったわね。またいろんなおもしろいことを教えてあげましょうね」

伯母さんは僕を抱きあげて、頬の熱くなるほど頬ずりをしてくれた。

この狐の嫁入りについては、あとで、つぎのような伝説をきいた。

昔なんとかいう大名とかんとかいう大名とがそこで戦争をした。なんとかのほうは攻め手でかんとかのほうは防ぎ手だった。防ぎ手はとてもまともではかなわないことを知って、ある謀りごとをめぐらした。それはこのあたりが一面の沼地で、ちょっと見ればなんでもない水たまりのように見えるのだが、あやまってそこへ落ちこめばすぐからだが見えなくなってしまうほど深い泥の海のようなものだった。この沼の中へ案内しらない敵を陥しこもうというのだ。味方はみな雪の上を歩く「かんじき」というのをはいた。そしてわざと逃げてこの沼地の上を走った。敵はそれを追っかけてきた。そしてみんな泥の中にはまって姿が見えなくなってしまった。その亡霊があした人魂になってまだ迷っているのだと。

実際そのあたりの田からは、そのころでもまだ、よく人の骨や槍や刀や甲などが出てきた。

三

父が戦争から帰ってくる少し前に、家はまた片田町の、前のとは四、五軒離れたところに引っ越した。そしてそこから僕は二年間高等小学校に通った。

学校のでき<ruby>は</ruby>いつもよかった。尋常小学校の一年から高等小学校の二年まで、三番から下に落ちたことはなかった。高等小学校では、町のほうの尋常小学校からきた大沢というのをどうしても抜くことができずに、二年とも大沢が級長で僕と大久保とが副級長だった。大久保は僕よりも一つ年が多く、大沢は二つぐらい多いようだった。

高等小学校にはいってからは、学校のほかにも、英語や数学や漢文を教わりに私塾に通った。英語は前にいた片田町の家の隣りの速見という先生についた。どんな学歴の人か知らないがハイカラで道楽者のように見えた。生徒は朝から晩までほとんどつめきりで、いつも三、四十人は欠かさなかったようだ。数学と漢文とは、その英語の先生がいなくなってから教わりだしたように思うが、最初の先生は名も顔もまったく忘れてしまった。ただ、その家が外ヶ輪という兵営の後ろの町にあったことだけを覚えている。

二度目の漢文の先生は監獄の看守だった。背の低い、青い顔をした、ずいぶんみすぼらしい先生だった。それにその家もずいぶんみすぼらしい家だった。先生は朝早く役所へ出かけるので、僕はいつもまだ暗いうちに先生の家へ行った。生徒は僕ともで二、三人だった。

僕は冬、三尺も四尺も雪が積もって、まだ踏みかためられた道もなんにもないところを、凍えるようになって通った。行くと、先生のお母さんが寒そうな風をして、小さな火鉢に粉炭を少し入れてきて、それをふうふう吹いて火をおこしてくれた。僕は先生のこのお母さんがかわいそうな気がして、母にその話をした。母はすぐに馬丁に炭を一俵持たしてやった。先生のお母さんは涙を流してお礼を言った。そしてその翌日からは大きな炭でカッカと火をおこしてくれた。

僕はこの先生について、いわゆる四書の論語と孟子と中庸と大学との素読を終えた。

先生はまだ二十四、五か、せいぜい七、八の年ごろで、その風采は少しもあがらなかった。しかしそのお母さんは、風はは汚かったが、どこかしらに品のある顔をしていた。が、そうした士族の落ちぶれたようなのは、僕にはちっとも珍しいことではなかった。

僕はその後幾度も囚人として監獄にはいって、そのたびにいつもこの先生のことを思い出した。生徒の僕らになにかものを言うんでさえ少々はにかんでいたようなおとなしい先生だ。きっと先生は囚人などとは直接に交渉のない、内勤のほうのなにかの事務をとっていたのに違いない。とても囚人をしかることのできるような先生ではなかった。

それからまた、やはりそのころに、夜五、六人の友人を家に集めて、輪講だの演説だの作文だのの会を開いた。すぐ一軒おいて隣りの西村の虎公だの、町のほうの杉浦だの、前にそのお母さんのことを話した谷だのが、その常連だった。虎公と杉浦とは僕よりも一年上の級だったが、近所の柴山という老先生の私塾に通っていたので、虎公が杉浦を連れてきたのだった。谷は僕よりも一年下だった。

本読みの僕はいつもみんなの牛耳をとっていた。僕は友人のほとんどだれよりも早くから『少年世界』を読んでいた。そしてある妙な本屋と知り合いになって、そこからいろんな本を買ってきて読んでいた。修身（しゅうしん）の逸話を集めた翻訳物のようなのも持っていた。まただれも知らない、四、五冊続きの大きな作文の本も持っていた。そうした雑誌や書物からそっと持ってきた僕の演説や作文はみんなの喝采を呼ばずにはおかなかった。

新発田（しばた）から三、四里西南の水原（すいばら）という町に、中村万松堂（ばんしょうどう）という本屋があった。そこの小僧だか番頭だかが、新発田にきて、ある裏長屋のようなところに住んでいた。それをどうして知ったのか、僕がたぶんほとんど最初のお客となって、なにかの本を買いに行った。店もなんにもなくて、ただ座敷の隅に数十冊の本を並べてあっただけだった。しかし、それまで本屋というもののまるでなかった、ただある一軒の雑貨屋が教科書と文房具との店を兼ねていただけの新発田では、それでも十分豊富な本屋だったのだ。僕はひまがあるとその本屋へ遊びに行って、寝ころんでいろんな本を読んで、なにか気に入ったものがあると買ってきた。こづかい銭というものを一文ももらわなかった僕は、文房具でも本でも、要るだけのものは母に黙ってでも、どこかの店から月末払いで持ってくることができた。その払いが少しかさむと、母はこれからはあらかじめそう言うようにと注意はしたが、決してしかることはなかった。その後すぐこの本屋は上町（かみまち）に店を持って、やはり万松堂と言っていた。そして僕は、それから三、四年たって新発田を去るまで、そこの店の一番いいお客の一人だった。

この夏新発田へ行ったとき、僕は第一番に、もっともこれが宿のすぐ近くであったからでもあるが、この店を訪ねた。主人はやはり昔の主人だった。

「僕だれだかわかるかい？」

僕は黙って僕の顔を見つめている主人に尋ねた。

「ええ、たしかに見覚えはあるんですけれど、どなたでしたかな」

「もうちょうど二十年になるんだからね。分らんのも無理はあるまいが……」

「いや、そのお声で思い出しました。こりゃほんとうにしばらくめですよ」

主人はそれで小僧にお茶を入れさした。そして僕は昔の友人の行方をいろいろとこの主人から聞いた。新発田の中学校を出た者なら、主人はほとんどみなよく知っていた。


友人らとの会の話が本屋のことにそれてしまった。もう一度話をもとに戻そう。

この会での一番大きな問題は、遼東半島の還付だった。僕は『少年世界』の投書欄にあった臥薪嘗胆論というのをそのまま演説した。みんなはほんとうに涙を流して臥薪嘗胆を誓った。

僕はみんなに遼東半島還付の勅諭を暗唱するようにと提議した。そして僕は毎朝起きるとすぐそれを声高く朗読することにきめていた。

虎公は高等小学校を終えるとすぐ北海道へ小僧にやられた。そしてその数年後にまったく消息が絶えてしまった。谷は僕よりも一年遅れて幼年学校にはいった。今はたぶん少佐ぐらいになっているだろう。杉浦は、その家がなにをしていたのか当時は知らなかったが、そしてその家の相応な構えなのにもかかわらず馬鹿にけちだったところから、あとでは高利貸しかとも想像していたが、こんど行って聞いてみると新発田第一の大地主だった。今は当主でぶらぶら遊んでいる。

「ほかではどうか知らないが、少なくともこの越後(えちご)では農民運動は決して起こりませんよ。地主と小作人とがまったく主従関係で、というよりもむしろ親子の関係で、地主は十分小作人の面倒を見ていますからね」

杉浦君は先日会ったとき、室(へや)のあちこちにある神棚のあかりを手際よく静かに団扇(うちわ)で消して、その農民との関係をくわしく話してくれた。

四

そんなふうで、そのころはずいぶんよく勉(つと)めもしたようだが、しかしまたずいぶんよく遊びもしたようだ。

遊び場は、前の片田町(かたたまち)にいたときとは違って、もうすぐ前の練兵場ではなくなっていた。前にも言った大宝寺(だいほうじ)の射的場のバッタ狩り。その後ろの丘のきのこ狩り。むかし殿様の遊び場であった五十公野(いじみの)山の沢蟹(さわがに)狩り。また、昔むかし、なんとかいう大名が城を囲まれて、水路を断たれて、うんと貯えてあった米を馬の背中にざあざあ流して、敵に虚勢をはってみせたという城あとの加治(かじ)山。そこではまだ、頂上の狭い平地の赤土をちょっと掘ると、黒く焦げた焼米が出てきた。きれいな冷たい水の加治川。それらはみな、子どもの足にはちょうどいい遠足の一里前後のところにあった。

ある夏の日、僕は虎公といっしょに加治山へ遊びに行った。山百合(やまゆり)がまっ盛りだった。

虎公は百合の根を掘りはじめた。虎公はその家の裏に広い畑があって、よくその年とったお婆さんの手伝いをしていろんなものを作っていたところから、そんなことについての知識を持っていたのだ。

僕もいっしょになって掘りはじめた。収穫はだいぶ多かった。が、僕はそれをすっかり虎公にやってしまった。

「虎公のうちは貧乏なんだから……」

僕はそうきめていたのだ。虎公はまた釣りが好きで、よく朝の三時ごろから連れ出されたが、そんなときにもいつも僕は全収穫を虎公にやっていたのだ。

が、帰りがけに僕は、母がなにかちょっとした病気で寝ていることを思い出した。そして百合の花をおみやげに持って帰ることに気がついた。僕はあちこち駆けまわって、なるべく大きそうな、そしていくつもの花のついている、十幾本かを集めた。

二人とも大喜びで帰った。そして僕はすぐに離れの母が寝ている室(へや)へ行った。

「根のほうを持ってくればいいのにね。ほんとにおまえは馬鹿(ばか)だよ。そしていつも虎公にそんな目にあっているんだろう」

母はもうだいぶしおれた花にはろくに目もくれずに、僕が虎公に百合の根をやってしまったことを非難した。

僕はこれほど悲しかったことはなかった。涙も出ずに、ただ胸がそくそくとせまってくるような悲しさだ。そして僕はそのわけを母に話すこともできずに、というよりはむしろ、そんな気は少しも起こらずに、しおしおとして自分の室(へや)に帰った。

これが僕の、もっともそのわけさえ話せば母は自分の過言をあやまって僕をほめてくれたに違いないとは思うものの、母に対するただ一つのしかし大きな悲しみの思い出だ。

けれども僕はやはり母は好きだった。

その夏のある晩に、みんなで座敷で涼んでいた。ふと、つぎの妹が庭先を見つめながら、「あれえ」と叫びだした。みんなはびっくりして庭のほうを見た。暗い隅のほうになんだかぴかぴかと光る大きな目玉のようなものが一つ見えた。子どもらはみな「あら」と言ったままおびえてしまった。

母はすぐに立って庭下駄(にわげた)をはいておりていった。僕らは黙ってそれを見送っていた。

「さあ、みんなここへおいで。なんにも恐いことはありません。お化けの正体はこんなものです」

母は一人ずつそこへ呼んで、そのいわゆるお化けの正体を見せた。それは缶詰かなにかのブリキの缶が二つ転がっていたのだった。

けれどもまた、たぶん僕のいたずらが年とともにますますはげしくなったせいであろうが、母の折檻(せっかん)もますますひどくなった。僕は母と女中と二人に、荒縄でぐるぐるからだを巻きつけられて、さんざんに打たれたことを覚えている。母の留守に女中の言うことを聞かなかったというのがそのもとだったようだ。母は大勢の子どもをほったらかして、半日も一日も、近所のやはり軍人仲間の島さんのところへ行ってよく遊んでいた。そして子どもらの上には、女中に絶対の権力を持たしていた。

けんかもよくした。

「自分のことではまだ人にあやまったようなことはないんだが、この子のためにだけはしょっちゅうあやまり通しですからね」

母はよくこう言って、けんかの尻を持ってこられる愚痴をこぼしていた。そして僕は父や母がただあやまるだけでは済まないようなことまでも幾度もしでかした。

高等二年のときだ。同じ級の、しかしたぶん違う組の、西川というのとなにかの衝突をした。僕が甲組第一のあばれ者で、彼は乙組第一のあばれ者であったのだ。僕はその日の帰り路があぶないと思った。そしてひそかに、習字の紙のおさえにする鉄の細長い「けさん」というのを懐に入れて、なに食わん顔をして学校を出た。はたして西川は僕のあとについてきた。彼の家は僕の家とあべこべの方向にあったのだ。そして彼のあとにはその幕下の七、八名がついていた。

僕はいつものように、衛戍病院の横から練兵場にはいった。そしてそこへはいるとすぐ右の手を懐に入れて用心していた。今までだいぶ離れていたみんなが、がやがや言いながらだんだん接近してきた。悪口の挑戦がはじまった。なぐっちゃえ、なぐっちゃえ、などという声も、すぐ後ろに聞こえた。僕はだれかが駆けよってくるのを感じた。僕はけさんを握って、止まって、後ろを振り返った。西川が拳をあげて今にもなぐりかかろうとしていたのだ。僕はいきなりけさんを振りあげた。西川はちょっと後ろを向いた。その拍子に彼の頭から血がほとばしり出るように出た。みんなはびっくりして西川を取りまいた。僕は多少の心配はしながら、それでも意気揚々と引きあげて帰った。

西川の頭にはその後二寸ばかりの大きな禿ができていた。

それからよほど経ってからのことであるが、ある日、父が連隊から帰るとすぐその室に呼ばれた。父と母とが心配そうな顔つきをして向かい合っていた。

「このごろおまえ、学校でだれかの肩をなぐるか蹴るかしやしないか」

父が厳かに、しかし不安そうに、尋ねだした。父の顔には太い筋が見えていた。

父がこんな裁判をするのははじめてのことだった。で、僕もなにか非常な大事件のような気がしたが、そんな覚えは少しもなかった。僕は黙って考えていた。

「それではなんとかいう子を知らないかい」

と、こんどは母が尋ねた。

僕はその子は知っていた。同じ級のたしか同じ組だった。親しい友だちでもなんでもないが、とにかく学校で知っていた。けれどもそれがこの妙な事件となんの関係があるのか、僕にはますます分らなくなった。しかし知っているということだけは答えた。

「その子の肩をなぐるか蹴るかしやしないかい」

母は僕の返事を待ってさらにこう尋ねた。

「いいえ」

僕にはそれはますます覚えのない変なことだった。

母はそれでようやく安心したようになって、ことの顛末(てんまつ)をくわしく話して聞かした。

八軒町(はちけんちょう)に岡田という少佐がいた。父が前に副官をしていた連隊長だ。そこの馬丁(ばてい)か従卒(じゅうそつ)かが門前を掃除していると、学校の子どもが一人通りかかって、それがフラフラ右左によろめきながら幾度も前の溝の中に落ちかけた。妙だな、と思って肩をつかまえて聞くと、

「それが君んとこの子どもの仕業だというんだそうだ。それでとにかくその家まで送り届けさしておいたそうだがね。医者は頸(くび)の根のところは急所で、ちょっと針でさしても死ぬくらいだが、これは治ってもたぶん馬鹿になってしまうだろう、と言っていたそうだ」

という岡田少佐の話だったんだそうだ。

そう言われると僕は思い出した。そのころ学校では毎日「隅取り」という遊びをしていた。それは雨天体操場の二つの隅におのおの一隊ずつ陣取って、その陣屋を守っているものを押しのけくぐり抜けて、それを占領する遊びだった。が、普通尋常に押しのけくぐり抜けしているんでは、いつ勝負がつくかしれない。それでまず第一攻撃隊にそれをやらしておいて、敵の陣容のだいぶくずれかかったときに、一人か二人の勇者をそこへ飛びこませるのだった。この勇者らは、組み打ちをしている敵味方の肩の上から陣屋のなるべく奥へ飛びこんで、一挙にしてその一番奥の隅を占領するのだ。僕はいつもこの勇者の役目がお得意でいた。その飛びこむときに、なんとかいう子の肩の急所を蹴ったのじゃあるまいかと。

僕は父と母とにその話をした。そして三人できっとそのときのことだろうときめてしまった。

父と母とはすぐ見舞いに行った。が、向こうでは、それをひどく恐縮して、なんでもよいことにしてしまった。

その後その子がどうなったかよく覚えていないが、目つきがちょっと藪にらみのようになって、いつもなんにも言わずに黙っているのを見たようにも思う。

不良少年

一

高等小学校の二年を終える少し前のことだった。ある日先生から、大沢と大久保と僕と三人に、その晩先生の下宿を訪ねるようにと言われた。

「なんの用だろう」

三人は心配しだした。先生に自分の家へこいなぞと言われたのははじめてだった。が、いくら三人が首を集めてみても、それがなんの用だかは、どうしても見当がつかなかった。それだけ三人はなお心配した。

三人はどこかで待ち合わせて、びくびくしながら、地蔵堂町(じぞうどうまち)の先生の下宿へいっしょに行った。先生はにこにこしていた。そして自分でお茶を出してくれて、かしこまっている僕らに無理むりにあぐらをかかした。

「こんどこの土地に中学校ができるんだがね。どうだ、みんなはいってみないか」

先生はまっ黒な顔の中に白い歯を見せながら切りだした。中学校ができるといううわさは僕らもうすう聞いていた。しかし、それがまだそうはっきりした話でなかったようなのと、高等二年を終えればすぐはいれるなぞとは知らなかったのとで、僕らはたいしてそれを問題にしていなかった。三人はどう返事をしていいのか分らんので、しばらくの間黙ってただ顔を見合わしていた。

「高等二年を終えればすぐはいれるんだがね、ほかの者はとにかく、君ら三人だけは僕が保証するからぜひはいってみないか。家へ帰って先生がこう言ったからといって、よくお父さんやお母さんと相談してごらん」

　僕らは急にうれしくなった。そして、もう中学校へはいったような気になって、「しかしこのことはほかの者には話ししないようにね」という先生の注意もうわの空で、大喜びで家へ帰った。


　先生は、僕らにははじめての師範出の若い先生だった。それまでの先生は、尋常四年のときの島先生を除けば、みないいかげん年とった先生ばかりだった。そして先生は、僕らとほんとうに友だちになって遊んでくれた、はじめての先生だった。「僕」なぞと言ったのも先生だけだった。

　先生はくるとすぐ高等一年の僕らの組を受け持った。先生のまっ黒な顔は最初、僕らにあまり受けがよくなかった。ちょっと恐そうに見えたのだ。が、この先入見は、唱歌の時間にすぐこわされてしまった。今までは女の先生ばかりがやっていた唱歌までも先生が受け持ったのだ。それだけですら、すでに先生の上に、ある人望と好奇心とが加わった。そしてその最初の時間は実に奇観なものだった。

　兵隊のようにからだのいい、腕を前に突き出して、まっ黒な顔の先生が、オルガンの前に腰かけた。僕らはそのオルガンからどんな音が出るだろうかと待ちかまえていた。オルガンの音は優しい顔の女の先生のと別に変わりはなかった。が、そのやはりまっ黒な、毛もしゃくしゃの、大きな指が、少しもぎごちなくはなく器用にそして活発にキイの上を走るのが、まずみんなを愉快がらした。

　やがて先生が歌いだした。まっ黒な顔いっぱいに広がった大きな口から、教室じゅうに響き渡る、太いバスが出てきた。おちょぼ口をして聞こえるか聞こえないような声を出している、女の先生の声ばかり聞いていた僕らは、それですっかり先生にまいってしまった。そしてみんなは非常に愉快になって、できるだけ大きな口をあけて、できるだけ大きな声で歌った。

そして、これは特筆大書しなければならんことだが、僕はこの先生にだけはただの一度もしかられたことがなかった。

それだのに、どうだろう、僕はこうして二年間もずいぶんかわいがってもらったこの先生の名さえも忘れてしまっているのだ。


先生から中学校行きをすすめられたことは、堅く口どめされていたのにもかかわらず、すぐにみんなの間に広がった。そしてそれと同時に、中学校ができるということも確実になり、高等二年を終えた者はすぐにはいれるということも知れ渡った。僕らと同じ級からの入学希望者もだいぶできた。そしてそれらの者から僕ら三人は一種の憎しみの的となった。

四月のはじめに、僕は中学校の仮校舎になっていたなんとか寺へ入学願書を持っていった。受付の事務員が、しばらくの間それを読んでいたが、やがて「あんたは年が足りないからだめです」と言ってそれを突っ返した。僕は泣きそうになって家へ帰った。

学校の入学規則には満十二年以上とあった。そして僕の願書には満十一年十一月とあった。一カ月足りないのだ。僕はくやしくてたまらなかった。父も母も「そんなに急ぐにはおよばんから来年のことにするさ」と言って慰めてくれるんだが、僕はどうしても思いきることができなかった。みんなが「ざまあ見ろ」と言ってあざ笑っているのが、すぐ目の前に見えたのだ。

僕は満十一年十一カ月というのを十二月となおして、もう一度中学校の事務所へ行ってみた。

「よく勘定してみると十一カ月じゃないんです。十二カ月です。十二カ月なら都合十二年になるわけなんだから、それでいいでしょう」

　僕は一生懸命になって、自分の生まれた月の五月からはじめて六七八九……一二三四月と十二まで指を折ってみせて、そのたしかに十二ヵ月になることを力説した。

　事務員は笑っていたが、「とにかく相談してみましょう」と言って願書を受け付けてくれた。僕はその翌日また行ってみた。そして要するに、一学期間はみんな仮入学を許して、九月からほんとうの生徒になるんだからというので、僕は入学を許されることとなった。

　中学校には僕ら三人のほかに同じ級から二十名近くはいった。が、その半分は本入学のときにふるい落とされ、あとの半分も大部分は二年へ行くときに落とされてしまった。そしてその残りの一人か二人も三年に登るときに落とされてしまった。

二

　この十三の春は、からだの上にも心の上にも大きな変化を僕にもたらした。

　ある日、偶然僕は僕のからだのある一部分に、うぶ毛ではない黒い毛の密生してきていることを発見した。僕はそれが非常に恥ずかしかった。これは僕と同じ年の友だちにはもちろん、一つ二つ年上の友だちにもまだ見ないことだったのだ。僕は幾度も、あるいは便所で、あるいは自分の室（へや）で、そっとそれを××××××××××××した。が、いつのまにかまたそれが前よりも、もっと×××××してくるのだった。

　それとほとんど同時ごろに、僕はほんとうの自慰を覚えた。前にお花さんとやったほんの遊びが、こんどは×××××××××××××なったのだ。

それ以来僕は机の前に長い間座って本を読むことができなくなった。一時間も座っていると、×××××してきて、どうしてもじっとしていることができなかった。そして一日に二度も三度も自慰に走った。

勉強家だった僕はすっかり怠け者になってしまった。

僕は父や母が少しでも猥(みだ)りがましいことをしたり、そんな話をしているのを見たことも聞いたこともなかった。

従卒(じゅうそつ)や馬丁(ばてい)が女中とふざけているのはよく見た。馬丁はほかから通ってくるのでそれほどでもなかったが、従卒は書生か下男(げなん)同様に泊まりこんでいるので、始終女中とふざけ合っていた。従卒の室(へや)へはいっていって、従卒と女中とがいま相撲をとっているのだというところを見たこともあった。また、女中がまっ赤な顔をして、息をきらしながら、着物の前を合わせ合わせ従卒の室から飛び出てくるのにぶつかったこともあった。やがてこの女中はその従卒の子を孕(はら)んで宿に下がった。

僕らがいた片田(かたた)町の裏の小人町(おこひとまち)というのは淫売町だった。片田町の一方のはじの、西(にし)ヶ輪(わ)に近い部分も、やはりそうだった。日曜の夕方そこを通ると、きっと酒に酔っぱらった兵隊が、まっ白な女の頸(くび)にかじりついているのが見られた。

一度、馬丁に連れられて、西ヶ輪のなんとか温泉といったお湯屋へ行った。まっ白な頸(くび)の女が大勢はいっていた。男も二、三人まじっていた。馬丁は僕に待っていろと言って、自分一人その中へはいっていった。男と女とが湯船の中に入りまじって、キャッキャッと言って騒いでいた。僕はいやになって、馬丁が止めるのも聞かずに、一人で家へ帰った。

が、僕自身は女の友だちとはだんだんに遠ざかっていった。

学校が別になってめったに会う機会のなくなった光子さんは、おりおりその小さい弟を連れて、夕方近くに練兵場へ散歩にきた。彼女はたしかに僕に会いにくるのに違いなかった。その弟を連れてきたのもそとへ出る口実に違いなかった。僕は彼女の姿を見るとすぐに練兵場へ走っていった。二人は一、二間まで近よってかすかな微笑を交わせば、それでもうことは十分に足りるのだった。彼女はそれで満足して帰った。

光子さんと僕との間は要するにただこれだけのことにすぎなかった。僕は光子さんと交わしたただのひと言も覚えていない。というよりもむしろ、お互いに言葉を交わしたというほどのこともかつてなかった。それでも二人は、少なくとも僕の心の中では、立派な恋人どうしだったのだ。

その後僕は彼女がどうなったか知らない。彼女の姉さんは、やはり彼女と同じように美しかったが、貧乏人の子の秀才が勉強するにはそのほかに方法はなかった、新潟の師範(しはん)学校にはいっていた。彼女もやはりその姉さんと同じ運命に従ったことと思う。

光子さんの姿が見えなくなったあとで、あるいはやはりそのころであったかもしれないが、その小さな妹を連れて、やはりたしかに僕との単なる微笑を交わすために、練兵場へ散歩にきた女の子があった。警察署長の娘だった。

やはり僕はただの一度も言葉を交わしたことはなかった。そして彼女と向かい合って立ったのはただつぎの場合の一度だけだった。

僕は父の使いで署長の官舎へ手紙を持っていった。玄関で取り次ぎを乞うと、ふいと彼女が出てきた。彼女も僕もまっ赤になってなんにも言うことができなかった。僕は黙って手紙をさし出し、彼女も黙ってそれを受け取って奥へ走っていった。

彼女は唇の厚くて赤い子だった。

僕は彼女といつ、どこでどうして知ったのか覚えていない。そしてただこれだけの間柄にすぎなかったのに、不思議にもまだその名を覚えている。

お花さんもお礼さんもいつのまにか僕の頭の中から消えてしまった。

お花さんはどうしたのか覚えていないが、お礼さんは柏崎(かしわざき)へ行ってしまった。そのお父さんが、金鵄(きんし)勲章の叙勲にもれたのに不平を言って、柏崎の連隊区に左遷されたのだった。

このお礼さんについてだけはまだ後日談がある。

中学校にはいろんな種類の人間がはいった。僕らを一番の年少者として、もう三、四年も前に高等小学校を終えて自分の家の店で座っていた二十(はたち)近い者までもいた。もうすっかり農村の若い衆になりきっている者もはいってきた。新潟や長岡の中学校の食いつめ者もいた。

それらの年長者がいろんなことを僕らの間に輸入した。学校がはじまってからまもなく、寄宿舎にいる二、三の年長者らが十三、四の七、八人の生徒を連れて、女郎屋(じょろうや)へ遊びに行った。これはすぐ学校に知れてその年長者らは退校になった。それ以来、そうした方面のことはまったくなくなった。

そして生徒の間にすぐに一番の勢力を占めたのは、ほかの中学校を流れ歩いてきたごろつき連中だった。この連中はみな一人ずつごく年少のそして顔のきれいなのをその親しい友人に持った。彼らはお互いに指を切って、その血をすすり合って、義兄弟の誓いをした。

一年の間は僕もまだそんなことは知らなかった。が、二年の末ごろになって、やはりそれを覚えて、指を切ったり血をすすったりはしなかったが、一人の弟を持った。

この風習はその後二年も三年も僕につきまとった。

煙草を吸うこともやはりそのころに覚えた。

父がいつも吸っている中天狗というのをちょいちょい盗んでは吸い覚えた。そしてしまいには父が大事にしてしまっている葉巻までも盗みだして吸うようになった。

三

中学校にはいったのと同時ごろに、高等小学校の坂本先生。というのが、主として軍人の間から寄付金を募って、講武館という柔道の道場を建てた。

軍人の子はたいがいそこにはいった。石川もはいった。大久保もはいった。また、前に言った威海衛の戦争のときに一週間山の中に隠れて出てこなかったという評判の、そして凱旋するとすぐ非職になった脇田という大尉の子もはいった。脇田は僕なぞと同じ級で年は二つほど多く、からだも大きかったが、僕らはその親爺のせいで馬鹿にしていた。が、あるとき、彼自身の口から、彼のほんとうの父はなんとかいう金沢の人で、大久保利通を暗殺した一人で、しかもその最初の太刀を見舞ったのだと聞いて、少し彼を尊敬したい気になった。もちろん僕もはいった。

この柔道はずいぶんよく勉強した。午後と夜と代わる代わるあったのだが、僕はほとんど一日も欠かしたことがなかった。ことに寒稽古には三尺も積もった雪の中で乱どりをやった。成績も非常によかった。そして一年半か二年もしてからは、そこでの餓鬼(がき)大将になってしまった。

毎年秋の諏訪(すわ)神社のお祭りには、おのおのの町から山車(だし)が出た。そしてその山車と山車とがよくけんかした。鍛冶町(かじまち)の鍛冶屋連がこのけんかに負けて、翌年の復讐を期して、十人ばかりが入門した。みんな僕なぞの足ぐらいもある太さの、恐ろしいほど瘤(こぶ)や筋の出ばった腕をもった、二十(はたち)前後の若い衆ばかりだった。先生は僕をその相手に選んだ。ちょっと彼らに握られると、腕の骨がくだけるかと思うほどに痛かった。が、彼らの腰と足とは子どものように弱かった。僕はそれにつけこんで彼らをころころ転がしてやった。みんなは喜んで僕を先生の代理にしていた。そしておりおり小刀なぞを作って持ってきてくれた。

そこではまた棒も教わった。縄も教わった。棒はことにお得意だった。今でもまだ棒が一本あれば二人や三人の巡査が抜剣してきたところで、あえて恐れないくらいの自信がある。

幼年学校にはいってからの第一の暑中休暇に、坂本先生のそのまた先生の森川〔銀四郎〕というお爺(じい)さんから、ある伝授をするから一週間ばかり泊まりがけでこいという迎いがきた。

お爺さんは新発田(しばた)から二里半ばかりへだたった次弟浜(しだいはま)という海浜にいた。で、僕は海水浴がてら行ってみた。お爺さんはもとどおりちょんまげを結って、もう腰がすっかり曲がっていた。それでも行くとすぐ、前にも道場でよくやったように、棒の相手をさせられた。お爺さんが木太刀を持って、僕が棒を持ってそれに向かうのだ。お爺さんのかけ声はこっちの腹にまで響くように気合いがこもっていた。そしてその太刀で棒をおさえるようにして、じりじり進んでこられると、僕はちょっと自分の棒を動かすことができなかった。

お爺さんは目が悪くて自分で書けないからと言って巻物になっている「目録」を持ってきて、僕に写さした。東方の摩利支天、西方のなんとか、南方のなんとか、北方のなんとか、というようなことがあって、呪文めいた片仮名のなんだかわけの分らんことの書きつづけられた妙なものだった。そしてその最後は、この「目録」を伝えられたことの系図のようなもので、源のなんとかから藤原のなんとかに、という十いくつか二十いくつかの名が連ねられてあって、最後に源のなんとか森川何兵衛殿へとあった。これがお爺さんの名なのだ。そしてお爺さんは、この系図のおしまいに自分の名を入れて、そのあとへ大杉栄殿と書くように言った。

片仮名の呪文はなんの意味だかちっとも教えてくれなかった。が、人が見てはいけないと言って、はだかで土蔵の中にはいって、当て身やなにかを教えてくれた。

その後このお爺さんは、父のところへきて、兵隊に玉よけのまじないをしたいからと言って、だいぶ手こずらしたということであった。

この柔道は荒木新流という、実はもう古い流儀のものだった。

その後坂本先生は、僕が最初の入獄を終えてはじめて家を持ったとき、こんど上京したからと言って訪ねてきた。これは後で間接に聞いたことであるが、実は父と相談して僕を説得しにきたのだったそうだ。が、そんなことは少しもなしに、今でもまだおりおり訪ねてきては昔ばなしをしていく。

「どうしたって、そんな病気になるはずはないんだがね……」

僕が肺の悪いことを聞いて先生は不思議がっていた。そして先生発明の曲伸法という運動方法をすすめてくれた。最近に僕はこの曲伸法で、獄中で大たすかりをした。

先生はもう五十をよほど越しているのだろうが、むかし僕が知っている三十いくつかのころの、小作りであるがまんまると太った、色つやのいい顔の先生そのままでいる。そして今でも、小石川のその修養塾のそばに道場をつくって柔道の先生をし、また夏は子安あたりで水泳の先生をして、毎年の冬、隅田川で寒中水泳を催している。

この柔道から少し遅れて、撃剣も教わりに行った。昼の柔道の時間をそのほうへまわしたのだ。流儀の名は忘れたが、先生は今井〔常固〕先生といった。

先生は大兵肥満の荒武者で、大きな竹刀の中に電線ほどの筋がねを三、四本入れていた。一種の国士といったような人で、むかし星亨が遊説にきたとき、車ごと川の中へほうりこんだとかいう話もあった。最近にも大倉喜八郎の銅像の除幕式のとき、そこへ飛びこんでいって大倉をなぐるのだと言って意気込んでいたそうだが、みんなに止められて果たさなかったそうだ。

僕はそこで荒っぽい、竹刀の使いかたの大きな撃剣を教わったので、その後幼年学校にはいって、おもちゃのような細い竹刀でほんの小手先だけでチャンチャンやるのが実にいやだった。

学校では器械体操とベースボールとに夢中になっていた。そしてこうして一日飛びまわっては、大飯を食っていた。

十三の正月から十四の正月までに、背が五寸のびた。そうして十四から十五までに四寸のびて五尺二寸何分〔約一五八センチメートル〕かになった。

四

中学校の校長は、先年皇子傅育官長になって死んだ、三好愛吉先生だった。

僕らは先生を孔子様とあだ名していた。それは先生が孔子様のような髯をはやしていたばかりでなく、なにかというとすぐに孔子様孔子様と先生が言っていたからでもあった。先生はまじめな謹厳そのもののような顔をしていた。そして主として論語によって倫理の講義をしていた。

たしか二年の始めごろだった。ある日先生が、倫理の時間に、みんなの理想し崇拝する人の名を尋ねた。秀吉も出た。家康も出た。正成も出た。清麿〔和気清麻呂〕も出た。そしてだんだん順番がまわって僕の番になった。

僕にはまだ、実は、理想し崇拝するというほどの人はなかった。それにいいかげんにだれかの名を言うにしても人の言った名をまた言うのはいやだった。だれにしようか、と考えてみてもちょっと新しい名が浮かんでこなかった。そこへ僕の番がきたのだ。僕はすっかり困ってしまった。が、とにかく立ちあがった。するとふいに、最近に買って読んだ、だれだかの西郷南洲論を思い出した。僕はいい見つけものをしたつもりで、「西郷南洲です」と答えた。

先生はひとまわりしてしまったあとで、みんなの答えたそれぞれの人についての批評をした。

「なるほど西郷隆盛は近代の偉人だ。あるいは、日本の近代では一番の偉人であるかもしれない。が、彼は謀叛人だ。陛下に弓をひいた謀叛人だ。そしてこの謀叛人であるということは、よしそれがどんな事情からであったにしろ、またほかにどんな功労があったにしろ、とうてい許されることはできない。いわんやその謀叛人を理想し崇拝するなぞとは、もってのほかだ」

先生の僕の答えに対する批評はだいたいこんな意味だった。そして最後に先生は、みんなの理想し崇拝しなければならぬ人物として例の孔子様をあげて大いにその徳を称(しょう)した。

僕はこの批評が非常に不平だった。僕が読んだ本では彼の謀叛は陛下に弓をひいたのではない、いわゆるそのなんとかの下に隠れている姦臣(かんしん)どもを追い払うための謀叛だとあった。僕もそう信じていた。しかし先生にこう言われてからは、そんなことはもうどうでもよくなった。許されようが許されまいがそんなことはもう問題ではなくなった。とにかく彼は偉かったんだの一点ばりになった。そして家へ帰ってまた西郷南洲伝を読み返して彼をすっかり好きになってしまった。

この西郷南洲伝はさらに僕を吉田松陰(よしだしょういん)伝や平野国臣(ひらのくにおみ)伝に導いた。そしてそのどんなところが気に入ったのか忘れたが、とにかく平野国臣はなんだか非常に好きだったように覚えている。

三好先生は深田先生というのを教頭に連れてきた。小柄のきれいな顔に頬髯(ほおひげ)をいっぱいにはやした先生だった。

先生は一年のときの倫理と英語を受け持った。倫理には、長い間続けて郡司(ぐんじ)大尉の千島行きの話を聞かされた。先生の英語は、声がきれいで、今までの小学校や私塾の英語の先生のとはまるで違った、いい発音だった。

博物や理化の先生もやはり学士であったが、意地悪なので、僕らはその学科に興味を持つことができなかった。

お爺(じい)さんだった習字の先生は、いつも僕に、よく手本を見て書けばうまく書けるのだから、ぞんざいに書いてはいけないと言って注意してくれた。が、僕には、どうしてもお手本の一点一画をそのとおりに見て書くということができなかった。そしてこのぞんざいのおかげで、今でもまだろくに字の恰好をとることができない。

図画は最初は鉛筆画で、あとで毛筆画になったが、一年から二年までの間に数えるくらいしか描いたことがなかった。まるで描けないし、それに大嫌いだったのだ。

学校の勉強はまるでしなかったが、成績は英語が一ついつでもいいくらいなもので、あとはみな乙ぞろいだった。そして三分の一ほどの席順にいた。

僕が一年から二年へ越えるときに、虎公が高等小学を終えた。

虎公の家は、虎公とお婆さんと二人きりで、どうして食っていたのかしれないが、相変わらず貧乏だった。虎公はしきりに中学校へはいりたがっていたが、どうしてもだめらしかった。僕は虎公がかわいそうでたまらなかった。そしてとうとう一策を案出してそれを虎公に謀った。それは僕が使った本はみな虎公にやるから、虎公はその伯父さんから月謝だけ出してもらって、学校へ行くがいいというのだった。

虎公は非常に喜んで、すぐそれをお婆さんに話して、伯父さんに相談に行った。伯父さんというのは典獄を勤めていた。

が、虎公の運命はもう、そのよほど以前にきまっていたのだった。彼は伯父さんの家から泣いて帰ってきた。中学校へはいりたいなぞという非望をしかられて、近々に函館のある商店へ小僧に行くようにと命ぜられてきたのだ。

僕は虎公のこの運命をどうともすることができなかった。二人は相かかえて泣いた。そして僕は大将になるから、君は大商人になりたまえと言って、永久の友情を誓った。

虎公と僕とは記念の写真を撮った。そして僕は母にねだって、暖かそうなフランネルのシャツとズボン下とを作ってもらって、それを餞別に送った。

僕は大将にはなりそこねたが、虎公ははたしてどうしているか。彼の本名は西村虎次郎といった。

虎公が行ってしまってからすぐ僕は幼年学校の入学試験を受けた。そして虎公にも誓ったように、自分の写真の裏には未来の陸軍元帥なぞと書いていたが、試験のための勉強はちっともしなかった。そして見事に落第した。

五

その夏はじめて一人で旅行に出た。

最初は東京までのつもりで、十円もらって出かけたのだったが、それが名古屋までとなり、大阪までとなって、大旅行になってしまった。

越後はまだ直江津までしか鉄道がなかったので、新潟から船でそこまで行った。汽船や汽車に乗ったのはもちろん、そんなものを見たのも、それが覚えてからはじめてのことだった。

山田の伯父が四谷にいた。威海衛で戦死した大寺少将の邸を買って、そのあとを普請したばかりのところだった。伯父は大佐で近衛の何連隊かの連隊長をしていた。

「よく一人で来た」

伯父は僕の頭をなでて、父でもめったにしてくれないほどのかわいがりかたをしてくれた。伯母も「栄、栄」と言って自分のそばを離さなかった。

従兄が二人いた。弟の哲つぁんは病気で学習院の高等科を中途でよして、信州のほうへ養蚕の実習に行っていた。女中どもはこの哲つぁんのことを若様と呼んでいた。兄の良さんは中尉になったばかりで、きれいな花嫁のお繁さんといっしょに奥のほうの離れにいた。士官学校の教官をして、陸軍大学校の入学準備をしていたのだ。

女中どもは僕を越後の若様と言った。そして僕がなにかするたびに、なにか言うたびに袂で口を蔽うては笑いこけていた。お繁さんは（僕はお姉さまと呼んでいたが）そのたびに美しい目で女中どもをにらみつけるようにしていたが、やはりそのおかしさを隠しきることはできなかった。

洋食のご馳走が出た。越後の若様はどうしてそれを食べていいか分らなかった。新発田にはまだ洋食屋もなく、家ででも洋食なぞを食べたことがなかった。で、みんなのするとおりにビフテキかなんかをようやくのことでナイフで切って、それを口に入れたが、切りかたが大きすぎたので口の中でいっぱいになって、どうともすることができなかった。みんなは笑った。そしてお繁さんだけは、いつまでもいつまでも、僕の顔を見ては思い出すように笑っていた。

僕はお繁さんを日本で一番の美人だと思った。お繁さんの姉〔多喜〕さんもきれいだった。そしてこの姉さんは、田中という騎兵大尉の、陸軍大学校の学生のところに嫁いでいた。

僕は来年はかならず幼年学校の試験に及第して、うんと勉強して陸軍大学にはいるんだときめた。

お繁さんの里の、飯倉の末川という家へも行った。山田の家の心地よさに酔うていた僕は、末川家のさらに幾倍ものぜいたくに少々驚かされた。

家は上と下とに二軒あった。下は妾宅(しょうたく)で上は本宅だった。長男が一人本妻の子でしかもそれは馬鹿(ばか)で、あとはみな男も女もきれいな、もと烏森(からすもり)とかにいたという妾(めかけ)の子だった。お繁さんもその姉さんももちろんこの妾の子だった。お繁さんの下にもまだ女の子が二人いた。そして下の家には妾とそれらの女の子とだけがいた。みんなはその妾を、自分のほんとうのお母さんを、栄ちゃんと呼んでいた。

食事どきには、ふだんは男ばかりいる上の家へみんなが集まった。僕も行けばきっとこの上の家の、西洋室の応接間にはいって、ソファの上に横になっていた。

僕はこの家ではじめて電話というものを知った。また、お繁さんの姉さんの手ではじめてピアノというものの音を聞いた。僕はこの家のみんなが、そのきれいでそしてお上品な中に、どこかしら冷たいものを持っていることに気がついた。が、それでもやはり、そのぜいたくな生活を味わいに、時々遊びに行かないわけにはいかなかった。

末川家は鹿児島の家老の家柄で、その主人はもと海軍の主計監とかをしていたと聞いた。そして、そのころは実業に関係していたようだった。山田家では最初この家との縁談があったとき、妾の子ではと一時躊躇(ちゅうちょ)したのだそうだが、川村大将とか高島中将とかが中にはいって、無理にもらわしてしまったのだのとかと聞いた。その後、今の皇太子や皇子たちが川村大将の家にいたころ、良さんの子どもらはよくそこへ遊びに行って、熊だの象だののおもちゃをもらってきた。

良さんはいま少将でどこかの旅団長を勤めている。そしてお繁さんの姉さんのほうの田中は、中将になって、いまワシントンの太平洋会議に陸軍代表の主席として出ている。ついでに言うが、山田の伯父は、とうに中将で予備になって、今は和歌山に隠居している。

名古屋と大阪とでは、名古屋では父方の親戚を、大阪では母方の親戚を歩きまわった。が、そのどちらでも、商家や農家ばかりなので、そしてつましい家ばかりなので、いっこうおもしろくなかった。そしてすぐまた東京に帰って、一カ月あまり遊んでいた。

六

この旅行は僕に金を使うことを覚えさした。それまで僕は、こづかい銭というものは一文ももらったことがなく、要るものはなんでも通い(かよい)で持ってきたのであった。しかしもうそれでは済まなくなった。

中学校は新発田(しばた)から五十公野(いじみの)へ行く途中の、長い杉並木の間に新しい校舎ができた。そしてその並木路(みち)の入口にある小料理屋ふうの蛇塚屋というのが、僕ら不良連の間にスネエクと呼ばれて、みんなの遊び場でもあり、またいろんな悪事の本拠地でもあった。みんなはよく学校をエスケエプしてはそこへ行った。

僕は母の財布から金を盗みだすことを覚えた。母はいつも財布をどこかへ置きっぱなしにしていた。そして要り用のたびにあちこちとそれを探していた。そんなふうで、自分の財布にいくらはいっているのかもよくは知らなかったようだった。僕はそれをいいことにして、二、三十銭から五十銭ぐらいまでをちょいちょいと盗んだ。

が、だんだん、そんなことではとても追っつかなくなった。そしてとうとう僕は父からもらった時計を売ってしまった。それは銀側の大きな時計で、鍵をまん中の穴に入れてギイギイとまわす、ごく古い型のものだった。

それがどうしてか母に知れた。

「時計を持ってお父さんのお室（へや）へおいで」

僕は持っていく時計はないのだから、しかたなしに、ただうんとしかられる決心だけを持って、父の室へ行った。

父の裁判がはじまった。僕は売ったと答えた。が、その金の行方については、どうしてもはっきり言うことができなかった。それは、もしスネエクのことを言えば、そこでいろんな悪事、ことに例の義兄弟のことなどが知れる恐れがあったからだ。

僕は父と母とにうんと責められた。うんとしかられた。しかし、言えないことはやはりどうしても言えなかった。

その冬、この不良連の親分の、そのころの最上級の四年と三年との者から一大事を聞いた。それは三好校長が組合会議から排斥されて、不信任案の決議をされるということだった。

僕らの中学校は、新発田町外四十何カ村の組合立で、その組合の会議というのがあったのだった。この組合会議が、往々その職分の経営のことを超えて、教育方針にまで差し出口をするということは聞いていた。そしてそのたびに校長がそれを峻拒（しゅんきょ）したということも聞いていた。

僕らは組合会議がどんな差し出口をしたのかも少しも知らなかった。また、その不信任案というものの内容も少しも知らなかった。そしてまた、その間にわだかまるいろんな事情というようなことも少しも知らなかった。が、とにかく組合が不埒（ふらち）だときめてしまった。そして校長擁護の一大運動を起こすことにきめた。

翌日すぐ、長徳寺（ちょうとくじ）というのに学生大会が開かれて、二年三年四年の全生徒は校長と運命をともにするという満場一致の決議をした。


この騒ぎは学年試験を前に控えて一カ月ばかり続いた。そして最初の同盟休校というのが同盟退校の決議にまで進んだ。

もうこんな学校に用はないというので、ガラス戸は滅茶苦茶にこわされた。そして生徒控室にあった机や椅子は、ほとんど全部火鉢の中のたき木になってしまった。

ある先生は、組合と内通しているというので、夜、車で練兵場を通るところを袋叩きにされた。

ある日父と母とは茶の間の火鉢のそばへ僕を呼んだ。

「このごろおまえはちっとも学校へ行かんで騒いでいるそうだが……」

父の話は、組合から生徒の父兄に送ってきたものによって、多少校長を非難して、明日からでも学校へ出ろというようなことであった。

「いやです」

僕はただ一言そう言ったきりで、席を蹴って立ちあがった。

「あの子はいったんなにか言いだしたら、なにがあっても聞かんのですから、どうぞそのままにほうっておいてください」

母はしきりに父をなだめて、懇願しているようだった。

しかしこの騒ぎは、組合で不信任案を取り消すということと、校長が辞職するということとで治まって、生徒は校長の懇請でようやく学年試験を受けることになった。

三好校長は深田教頭といっしょに、長野の中学校へ行くこととなった。その送別会が仲町（なかまち）のなんとかいう料理屋の広間で開かれた。校長は大酒家だった。みんなに一合ばかりの酒がついた。校長は始めから終わりまでその四角な顔をにこにこさせていた。教頭はお得意のいい声で、その郷里の白虎隊の詩を吟じた。

そして校長がいよいよ出発するときには、全校三百余の生徒が、校長の橇（そり）をまん中にして降り積もる雪の中を七里の間、新潟まで送っていった。

そのあとへ、広田一乗という、名前から坊主臭いしかしハイカラな新しい文学士がきた。が、この新校長は、くる早々校友会の席上で記憶術の実験かなにかをやって、すっかり生徒の評判を悪くしてしまった。そして、生徒がみな素足ではいる習慣になっていた、御真影（ごしんえい）を安置してある講堂へ、校長が靴ばきのままはいったとかいうので、あやうく排斥運動が起こりかけさえした。

その春、僕は二度目の幼年学校の入学試験を受けた。

そしてその最初の日に、もう少しで身体検査ではねられるところだった。去年はよく見えた視力検査の符号のようなものが、下の二、三段のほかはみなぼんやりして、上があいているのか下があいているのかよく分らなかった。

若い軍医は首をかしげて奥のほうの室（へや）へはいっていった。そして、僕が子どものときからなにかの病気の際にはいつも世話になっていた、平賀という一等軍医を呼んできた。

「これはことしはどんなことがあっても入れなきゃならないんだ」

平賀軍医はそう言いながら、僕の目の検査をしなおした。そして暗室へ連れていったり、いろんな眼鏡をかけさしてみたりして、要するに合格にしてしまった。

学科のほうは、別になんの勉強もしなかったのだが、高等小学校卒業程度の試験なんだから、やすやすとできた。

そして官報で及落が発表される少し前に、山田の伯父から、「サカエゴウカクシユクス」という電報を受け取った。

幼年学校時代

一

幼年学校は、東京に中央幼年学校というのがあって、そして当時の六個師団の各師団司令部所在地に地方幼年学校というのがあった。中央は本科で地方は予科だ。ある師団、たとえば第一師団の管轄に本籍を持っている者は、その師団司令部所在地の、すなわち東京の地方にはいった。そしてそこで三年間いわゆる軍人精神を吹っこまれて、各地方の者がみんな東京の中央に集まるのだった。

僕は僕の本籍地の名古屋の幼年学校にはいった。

父は、のちに僕が社会主義者になったのを、僕のフランス語のせいにしていた。フランスは革命の国だというごくぼんやりした理由からだ。僕もそれは、もっと細かなそしてもっと込み入った理由から、部分的に承認する。が、僕のそのフランス語というのは、この幼年学校で、しかも命令的にはじまったのだった。

東京の地方にはフランス語とドイツ語とロシア語とがあった。が、そのほかの地方には、フランス語とドイツ語としかなかった。そして入学志願者は、その願書の中に、その中のどれか一つを希望語学として書き入れておくのだった。

僕は、フランスはもう旧(ふる)い、これからはなんでもドイツだというので、ドイツ語を選んだ。そして父をおぼつかない先生にして、一カ月ばかりかかって、たしかヘステルの第一読本をあげていた。

名古屋へ行く途中、東京で、一、二年前から上京していた大久保を訪ねた。彼も去年は落第して今年は東京の地方に及第したのだった。彼もやはりドイツ語を希望していた。そこへ、熊本の地方の先輩である石川が、休暇で東京に遊びにきていて、いっしょに落ち合った。彼はやはりドイツ語で、しかもそれが非常にお得意らしかった。彼はフランス語をさんざんにけなした。大久保と僕とは、なにが書いてあるんだかちっとも分らない亀の子文字の彼の本をいじくりまわしながら、大いに彼をうらやんだ。

が、学校にはいったその日の、第一番目の出来事は五十名の新入生が撃剣場で背の順に並ばされたことで、そしてそのつぎがそれに続いてすぐみんなの語学を決定されたことであった。希望者はフランス語よりもドイツ語のほうが遥(はる)かに多かった。そして学校の方針はそれを公平に二分することであった。すなわち五十名の新入生を二十五名ずつそれぞれドイツ語とフランス語とに分けることであった。

「もっとも、今までドイツ語をやっていた者は、希望どおりドイツ語をやらせる。しかしそれは、単にアベチェを知っているとか、エス・イストなんとかを知っているとかいうんではだめだ。試験をする」

背の高い、胸とか尻のうんと張り出た、ドイツ士官のような大尉が、左の手をそのお尻の上に乗せ、右の手でねじ上がった髭(ひげ)をさらにねじ上げながら、そのエス・イストなんとかというのを非常に流暢(りゅうちょう)にやった。このエス・イスト組は僕のほかにも五、六人あったようだった。が、みんな「試験をする」というのにおどかされて黙ってしまった。そしてその大尉は、おそらくは気まぐれに、すぐその場でドイツ語とフランス語の二組をつくってしまった。

僕の名はそのフランス語のほうにあった。僕はがっかりした。しかし、命令でそうきめられてしまった以上は、もうどうともすることができなかった。それに、元来語学の好きな僕はフランス語もすぐに好きになった。そして、そのほかの科目はすべて中学校でやったことの復習のようなものなので、僕はこのフランス語に全力を注いだ。

本はアメリカでできたフレンチ・ブックとかいうので、英語でフット・ノートがついていた。僕はまだろくに発音もできないうちから、そのノートと大きな仏和辞書と首っ引きで、一人で進んでいった。そして二学期か三学期かの始めに、原書の辞書を渡されてからは、先生の言うとおりに分っても分らんでもその原書の辞書ばかりを引いていた。先生はまた、この辞書と同時に、向こうの子ども雑誌の古いのをおりおり分けてくれた。「分っても分らんでもいい、とにかく読んでいけ」というのが先生のモットーだった。僕は忠実にもらった雑誌の始めから終わりまでを読み通した。ちっとも分らんのを二度も三度も読み通した。そして、そうこうしている間に、原書の辞書のほうもいいかげん分るようになり、子ども雑誌も当てずっぽうに判読するようになった。

学校にはいった幾日目かの最初の土曜日に、それまでいろんな世話をしてくれた三年のある生徒から、あしたは「国」の下宿に集まるようにと言われた。

元来僕にはこの「国」という観念が少しもなかった。讃岐の丸亀に生まれてそこを少しも知らず、尾張に本籍があってそこもろくに知らず、そして「国」というような言葉もあまり聞いたことがなかった。今までいた新発田では、ほとんどみんなが新発田かあるいはその付近の人であった。僕はそれらの人といっしょに自分を北越男子などと言っていた。しかしその越後に対しても「国」というような感じはまるでなかったのだ。

で、この「国」の下宿というのも、よくはその意味が分らなかった。しかし、上官の言うこと、古参生の言うことはよく聞かなければならないとは、なによりもさきに教えられたことであった。そしてこの古参生には、敬礼はもちろんのこと、ちょっとものの言うのでも不動の姿勢をとらなければならなかったのだ。僕は気をつけの姿勢のまま「ハア」と答えた。

「国の殿様がつくってくれたんで、みんなが日曜日にはそこへ行って遊ぶんだ」

その古参生は僕が堅くなっているのを慰め顔に言った。が、僕にはまた、この「殿様」というのが妙に響いた。これも感情の字引の中にはない言葉だった。なるほど新発田には殿様があった。殿様という言葉もよく聞いた。が、その言葉の中に盛られている感謝や崇拝の感じは、少しも僕に移ってこなかった。そして一、二年前に、なんとか三十年祭とかいうんで、その殿様夫婦が東京からやってきたとき、僕は彼らの通ったあとの麝香(じゃこう)かなにかの馬鹿(ばか)に強い香りに鼻をつまんだ、そのいやな感じがあるだけだった。しかしその殿様のおかげで、日曜日の遊び場があるというのは、うれしかった。

その下宿というのは学校から近いあるお寺だった。その本堂の広間に古参生と新入生と四、五十名集まった。

「君らはまず国の者どうしの堅い団結を形づくらなければならない。そしてその団結の下に将校生徒としての本分を発揮していかなければならない。断じて他国の者の辱めを受けてはならない」

山田という、小作りのしかし頑丈なからだの、左肩を右肩よりも一尺も上にあげた男が「訓戒」しだした。僕はそれを聞きながら、新発田で僕が一番えらいと思っていた不良連の首領の、井上というのを思い出した。そして「ここにも仲間がいるな」と僕はすぐ感じた。

山田の「訓戒」も、それに続いたまた四、五人の「訓戒」も、要するにみなこの「断じて他国の者の辱めを受けてはならない」ということに帰着した。第一期生すなわち当時の三年生は、愛知県人と石川県人とがいずれも十名ばかりずつで互いに覇を争ってきた。第二期生では愛知県人のほうが少し数が増えた。そして僕らの第三期生では、愛知県人すなわち国の者が二十六名という絶対多数を占めたのであった。が、頭数が増えたからといって、油断はできない。また、こんなに多い頭数をかかえていて、それで負けてはなおさら見っともない。そこで団結を堅くしなければならない、というんだ。

僕はなんで石川県人と愛知県人とがそうして争わなければならないのかは分らなかった。しかし、だれ一人知っている者のない中にはいって、こうして「国の者」という特別な友人がすぐできたのは、なによりもうれしかった。そしてこの友人らの敵になる石川県人がわけもなく憎らしくなった。

「訓戒」が済むと菓子が出た。菓子屋の箱に山のように盛った餅菓子が出た。それを食ってしまうと、こんどはちょっとした肴(さかな)に酒が出た。ほんとうの牛飲馬食だ。もともとあまり酒は飲めない僕も、みんなの勢いに駆られて、多少の盃を重ねた。そして山田らの詩吟につれて、みんなの驚きのうちに「宗次妙齢僅成童」などと吟じだした。それで僕はすっかり山田らの「仲間」になってしまった。

二

第一期生は、最初の後輩である第二期生に対しては、ずいぶんひどく威張った。またずいぶんひどくいじめた。が、第三期生の僕らに対しては、ずいぶん甘くしてくれた。そして僕は、たぶんそんなのは僕一人だったろうと思うが、すぐにこの先輩から「仲間」としてかわいがられるようになった。

最古参生たる第一期生の「仲間」には、学校の中では、どんな悪いことでも無事にやれた。たとえば煙草(たばこ)は、もし見つかれば、営倉(えいそう)ものだった。しかしそれも、彼らだけには、安全な場所があった。国の先輩は僕をそこへ連れていくことは最初遠慮していた。が、他国の先輩、ことに東京からきた先輩が、すぐに僕をそこへ連れていった。

また、これは見つかれば軽くて営倉、重くて退校の処分にあうのだが、夜みんなが寝静まってから左翼のほうの寝台へ遊びに行くこともやはり東京からきた先輩に教わった。「仲間」の仕事というのは、これが一番主なことであったのだ。

この東京からきた先輩の中には、もっとも「仲間」ではなかったが乃木将軍の息子もいた。からだは第一期生じゅうで一番大きかったが、学科は一番できなかった。そしていつも大きな口をにやにやと微笑(ほほえ)ましていた。

が、そんな「武士道の迷行」へばかりでなく、僕はまたほんとうの武士道へもまじめに進んでいった。

なんとかいう文学士の教頭が、倫理の時間に、武士道の話をした。それは、死処(ししょ)を選ぶということが武士道の神髄だ、というのだった。

僕はその話にすっかり感服した。そして僕の武士道を全うするためには、僕自身の死処をあらかじめ選んでおかなければならないと決心した。それ以来僕は古来の武士の死にかたをいろいろと研究しだした。なにかの本を読んでは、これはと思う武士の死にざまを、原文のまま写し取った。そしてその写しはたしかに一巻の書物ぐらいにはなっていた。

そのいろんな死にざまの中で、僕の心を一番動かしたのは、戦国時代の鳥居強右衛門(とりいすねえもん)のはりつけだった。というよりもむしろ、そのはりつけの図に題した、だれだかの「慷慨赴死易、従容就死難」という文字だった。

「よし、俺も従容として死に就いてみせる」

僕は腕を扼して自分で自分にそう誓った。

やはりこの教頭の話で、もう一つ覚えていることがある。それは、遼東半島還付の勅語の中の、「報復」という言葉の解釈についてであった。その言葉の前後は今はなんにも覚えてない。たぶん「臥薪嘗胆して報復を謀れ」というような文句だったろうと想像する。この「報復」というのは、表向きはなんとかの意味だが実は復讐のことだ、というんだった。そして僕はその表向きの意味がなんであったかは今でも思い出すことができないほど、そのいわゆるほんとうの意味をありがたがった。

何月か忘れたが、たぶん初夏のころだったろうと思う。平壌占領紀念日というのがあった。僕はその日の朝飯にはじめて粟飯というものを食わされた。ちょっと甘い味がしてうまいと思った。おかずは枝豆と缶詰の牛肉が少々とだった。名古屋の第三師団全部が、その朝はこのご馳走だった。当直の、前にも言った北川という大尉が、食堂でこのご馳走のいわれを話した。平壌を占領した晩だか朝だかの、これがとっさのお祝いのご馳走だったのだそうだ。

食事が済むとみんなは講堂に集まった。そこには、正面に大きなアジア地図が掛かっていて、シナの遼東半島が日本と同じ赤い色で色どられていた。学校じゅうの武官と文官とが左右に並んだ。そこでいま言った教頭の「報復」の話がはじまったのだった。

教頭の講演が済むと、こんどは名古屋の東の町はずれに当たる、陸軍墓地へ連れていかれた。北川大尉をはじめ学校のほかの士官らは、その多くの戦友の墓をここに持っていた。そして彼らはその墓の一つ一つについて、その当時の思い出を話して聞かした。

「これらの忠勇な軍人の霊魂を慰めるためにも、われわれはぜひとも報復のいくさを起こさなければならない」

士官らの結論はみな、いわゆる三国干渉の張本であるロシアに対する、この弔い合戦の要求であった。僕らはたぎるように血を沸かした。

まもなく、僕ははじめての暑中休暇で新発田（しばた）へ帰った。

ある日ふと父の机の引き出しをあけてみたら、「極秘」という字の印を押した、状袋が出てきた。封が切ってあるので僕はすぐひらいてみた。それは、当時の参謀本部の総長か次長かのなんとかの××××ら各師団長および各旅団長に宛てたもので、××××××××××××、そのつもりで将校や兵の教育をしろ、という命令ふうのものであった。

僕はすぐに指を折って数えてみた。三十七年といえば、僕がちょうど少尉になったころのことだ。僕は躍りあがって喜んだ。

父の机の上には、ロシア語の本だの、黒龍会のなんとかいう雑誌だのが幅をきかしていた。

（が、ここまで書いてきて、この記憶があるいは幼年学校入学以前のことでなかったかという疑いが出てきた。それは、これが片田町（かたたまち）の家の、父の室（へや）での出来事であったように思われるからである。そのころから父は旅団副官をやっていた。幼年学校にはいるその年か前年かに、僕の家は尾上町（おのうえちょう）に引っ越した。どうもこの尾上町でのことではなかったようだ。すると、ロシアに対する報復ということを教えられたときにそれを思い出して、そしてその思い出がかえって後の事実のように記憶されてきたのかもしれない。しかし、僕がその×××を見て、少尉になってからのことだと喜んだのは、たしかに事実である。そして僕は、この「極秘」ということについてすでになにか知っていたものと見えて、その喜びを自分一人の胸の中にたたみ込んでかつてだれにも話したことがなかった。）

三

十幾番かではいった僕は、学年試験の結果七、八番かに席順があった。が、この学科の上で席順を争うということは、中学校以来僕にはまるでないことだった。一番とか二番とかいう奴は、気のきかない、糞勉強の、馬鹿だときめていた。「なあに、実力では遥かに俺のほうが上だ」とひそかに威張っていた。そしてただ、いいかげん上のほうの席にいることで、十分満足していた。で、学科は、前にも言ったように好きな語学に耽るほかは、ことさらに勉強する必要もなくまたろくに勉強もしなかった。

しかし腕力とか暴力とか、またはそれにもとづく勢力とかのうえでは最初から決して人後に落ちなかった。もっとも単なる腕力では、背の順で右翼から十四、五人目の僕は、とても一番とはいかなかったろう。が、暴力とか勢力とかいうことになれば、それにはだいぶ趣が違ってくる。それに僕には愛知県という絶対多数の背景があった。

古参生らの「仲間」にはいった僕は、まず同期生らの間で傍若無人の振る舞いをした。僕と同じ寝室の者や左翼の寝室の者は黙っていた。が、中の寝室の者の中に、中村という男がいた。東京の者で、口先ばかりでなく、真から元気のいい男だった。そいつが、僕がそいつの隣りのなんとかいう男のところへ夜遊びに行くのを、ぐずぐず言いだした。まだほかにも二、三人それに同ずる者があったようだった。ある晩僕は、なにかのことからその中村を、そいつの寝室のみんなの見ている前でなぐりつけた。奴は腕まくりしながら黙って、なぐられて笑っていた。それでそいつは友だちになってしまった。この中村はその後肺を悪くして死んだ。そしてその弟の彝（つね）というのが第五期にはいってきた。西洋画のあの中村彝君がそれだ。

また、同じ寝室で、僕よりも右翼に佐藤というのと河野というのとがいた。どちらも、武揚（ぶよう）学校という名古屋での陸軍予備校からきた者で、その友だちが多かった。国の名古屋の者は、たいがいその友だちだった。中にも、僕よりも右翼にいた浜村というのと坂田というのとがよほど親しかった。その佐藤と河野とがちょいちょい僕に敵意を見せだした。そして浜村や坂田は、そんなときには、僕の敵だか味方だか分らん変な態度をとった。その中のどの一人でも僕には強敵なのに、こう大勢で組んでこられてはとてもたまらなかった。さっそく僕は浜村と坂田とを呼んで、「佐藤と河野との二人と決闘するが、君らの態度をはっきりきめろ」と言った。二人は中立を誓った。で、僕はすぐに、まず大きなほうの佐藤を呼び出した。同期生じゅうで一番大きな男で、撃剣も一番うまかった。器械体操場の金棒の下へ連れていって、そこでいきなりなぐりつけた。げんこは眼にあたった。彼はほろほろ涙を流して、黙ってその眼を押さえていた。そこへ浜村と坂田とが心配して見にきた。そして二人の中へはいった。河野はすぐに好意を見せてきた。そして五人は、五人組をつくって、なんでもの悪いことの協同者となった。

四、五年前に、ふとこの佐藤が訪れてきた。子どものときの友だちだというので、だれかと思って玄関へ出てみたら、昔のままの背の高い、顔いっぱい濃い髯（ひげ）の彼だった。連隊長とかとけんかして予備になったんだそうだが、今になってよされるくらいなら、あの時分いっしょに退校されるんだったなあなどと、職業の世話を頼みながら今の僕をうらやんでいた。その後南米行き移民の監督かなにかにありついたとか言っていたが、どうしたか。そしてついうっかりして、むかし僕がなぐった眼の中の赤い疵のあとが、まだ残っているかどうかも見落としてしまった。

撃剣は佐藤のつぎが僕だった。器械体操は佐藤と河野と僕とが相伯仲していた。が、駆け足は僕が一人図抜けて早かった。僕らの班長をしていた河合という曹長が、これも駆け足をお得意としていたが、いつもくやしがりながら僕のあとについてきた。

学科の済んだあとで、毎日そんな遊戯をやらされていたが、そのほかによくフットボールや綱引きをやった。そしてこの二つの遊びでは、班長が組を分けるのに困ってしまった。最初前列と後列とに分けた。すると幾度やっても僕のいる前列が勝った。で、こんどは、僕一人だけを後列のほうの組にまわしてみた。後列が勝った。フランス語の組とドイツ語の組とに分けてもみた。が、それでもやはり僕のいるフランス語のほうが勝った。しかたなしに班長は「君はそばで見ていろ」と言って、僕を列の中から出してしまったこともあった。

が、困ったのは遊泳だった。

最初の夏は、伊勢のからすという海岸へ遊泳演習に行った。

先生は観海流のなんとかいう有名なお爺さんで、若いときには伊勢から向こう岸の尾張の知多半島まで、よく泳いでは味噌を買いに行ったという話のある人だった。学校にはこの伊勢出身で、観海流の三里や五里という遠泳に及第した者もいた。ことに佐藤などは一番の名人だった。そのほかにも、名古屋出身の者はたいていみなこの観海流を泳いだ。

子どものときからよく川遊びや海遊びはやったが、ぱちゃぱちゃ騒ぎまわるほかにまるで泳げなかった僕は、実に閉口した。そして第一日目の試験に力いっぱいでようやく二、三間泳いで、一番下の丙組へ編入された。

古参生や同期生の助手連が、僕らの足首を握って、その観海流というのを教えた。が、僕はそれを教えられるのが癪なのと、足首を握られるのがいやなのとで、いつも逃げまわっては我流の犬泳ぎで泳いでいた。

それでも一週間目の第二回の試験には、僕はその犬泳ぎで千メートル泳いで、甲組にはいった。そして二週間目の最後の試験には、やはりその犬泳ぎで最大限の四千メートル泳いで、来年は助手ということになった。

その来年には知多半島の大野へ行った。僕は名は助手でも、観海流もなんにも教えることはできなかった。そして自分の受け持った丙組の幾人かをただ勝手に遊ばしておいた。が、二週間目の最後の試験のときには、その中から一人、やはり我流の犬泳ぎで四千メートル泳ぎ通したのが出た。それは僕がかわいがっていた第四期生のまだほんの子どもで、途中で泣きそうになるのを絶えずそばから激励して、無理やりに引っぱっていったのだった。そしてその子は、ほんとうのゼロから出立してそこに到達した、その年のたった一人として好成績をうたわれた。

最近、汽車の中でこの男に会ったが、参謀肩章なぞをさげて立派な士官になっていた。はじめ僕はすぐ前にいるのにそれと気がつかなかったが、向こうで名刺を出してみせて、「ご存じでしょうな」

と言われたのでやっと分った。やはり昔のように、「ハア、ハア……なんとかであります」と上官にもの言うように話していた。そのときにはまだ大尉だったが、このごろではもう少佐になったろう。

四

僕の腕白は二年になってますますひどくなったが、それと同時にまた僕の頭をおさえる奴が出てきた。それは、第一期生が出ていったあとではじめてその頭をあげた、第二期生だった。

僕は第一期生の「仲間」といっしょに、外套を頭からかぶって、第二期生の左翼の寝台を襲うたこともあった。また第二期生の「少年」をちょいちょいからかったこともあった。そんなことは古参生たる第二期生どもには非常な憤慨であったに違いない。そしてその少年の一人のいた石川県人どもが、まず僕を目の仇にしだした。

彼らは僕の「生意気」な事実をいろいろと挙げて、国の第二期生らに僕の処分をせまった。国の第二期生には浅野という「仲間」の首領がいた。が、彼にもそれをどうともすることができなかった。また、国の第二期生の中にもひそかに僕を憎んでいる奴らがあった。その結果、僕はしばしばなぐられた。大勢で取り囲んで、気をつけの姿勢をとらしておいて、ぽかぽかなぐるんだ。石川県の奴らもよくこうしてなぐった。

この制裁にはいっさい手を出すことができなかった。古参生には反抗することができないのだ。僕はただ倒れないだけの用心をして黙って打たれていた。倒れると、蹴られる恐れがある。が、げんこでなぐられるだけなら高が知れている。そして僕は、できるだけ落ちついて、そのげんこの飛んでくるたびに一つ二つと腹の中で勘定していた。

その勘定のできる間は、どんなにひどく打たれても我慢ができた。が、どやどやと大勢がいっぺんにのしかかってきて、どいつがどうなぐるんだか分らなくなると、我慢ができなくなった。ことに、後ろや横からそっと蹴る奴があったりすると、そしてこれは実によくあったのだが、もうどうしても我慢ができなかった。が、気をつけの姿勢のまま手出しをすることのできない僕は、ただ黙ってそいつをにらみつけることのほかにしかたがなかった。

前に班長という言葉を使ったが、これは下士官で、生徒監の士官を助けて、生徒の監督をしていた。それが一級に曹長一人と軍曹一人といた。

河合軍曹は僕をかわいがって、たいがいのことは大目に見てくれた。よくいろんな犯行を見つけたが、いつも大きな声でどなるだけで、めったにそれを生徒監に報告することはなかった。

が、まもなくこの河合軍曹が転任になって、なんとかいう馬鹿(ばか)に長っ細い曹長がきた。この曹長はよく妙な手帳をひろげては、自習室をまわってみんなの顔とそれを見くらべていた。あるとき、僕はそっとその手帳をのぞきこんでみた。そこには、勇敢とか粗暴とか寛仁とか卑劣とかいうような性質上の言葉が並んでいて、その下に二、三行ずつその説明らしい文句がついていた。曹長はきっと、この手帳の中にある二字ずつのどれかの言葉によって、みんなの性格をきめていたのだ。

曹長はくるとすぐ僕を変な目で見だした。またこの曹長がくると同時に、それまで僕らが坊ちゃん軍曹だとかガルソン軍曹だとかあだ名していたほどおとなしかった、もう一人の班長の稲熊軍曹が、急に意地悪くなりだした。そして二人で僕のあとを嗅ぎまわっては、なにやかやと生徒監に報告した。

その結果はほとんどのべつ幕なしの外出止めとなった。一週間にたった一日の日曜の外出を止められるんだ。それも、汚れた靴下を戸棚の奥に突っこんであったとか、昼、寝台に腰かけていたとか、そのほか、今ちょっと思い出せないような馬鹿ばかしいことばかりでだ。

二階の僕らの寝台の向かいに下士官らの室(へや)があった。僕らはよくそこへ、煙草(たばこ)がなくなると、夜盗みに行った。夜は週番の下士が一人その下の室に寝ていた。

あるときもみんなの煙草が切れてしまった。河野が一番に盗みに行った。そのつぎに僕が行った。が、僕はその室へはいっていって机の引き出しに手をかけたとき、「コラ」といって捕まってしまった。それは週番の稲熊軍曹だった。

僕は当直の生徒監の室へ引っぱっていかれた。

「実は数日前から、もっともその以前にもちょいちょいあったのですが、下士室でみんなの煙草がよくなくなりまして、ことにきのうは私の金が少々なくなったのです。で、きょうはぜひその犯人を取りおさえようと待ちかまえていましたが、はたしてこの大杉が室へ忍びこむのを見まして、いま取りおさえてきました」

軍曹は勝ち誇ったようにして吉田中尉に報告した。中尉は僕ら第三期生の受け持ちで、国の出身で、そして僕をかわいがっていた唯一の士官だった。中尉は青くなった。そして軍曹にはくわしい報告書を書いてくるようにと言って、その出ていったあとで僕を訊問(じんもん)しだした。

「煙草なぞ盗(と)ったことはありません。金ももちろんのことです。きょうはズボンのボタンが一つなくなったので、今晩じゅうにつけておこうと思ってそれを取りに行ったのです」

僕はあくまで泥棒の事実は否認した。

「そのズボンというのはどのズボンか」

「今はいているこのズボンです」

僕はそう言って、軍曹に引っぱられてくる途中にあらかじめ引きちぎっておいた、ボタンのあとを見せた。

「うん……」

中尉はこううなずいたまましばらく黙ってなにか考えていた。金でも煙草でも、とにかく盗んだとあれば、もちろんすぐさま退校だ。また、単にボタンを取りにはいったとしても、夜無断ではいるべからざる室(へや)へはいったのだから、重営倉は免れない。それに、ただそうとして処分しておいても、下士からの報告の嫌疑は免れない。それでは本人の将来にもかかわる。また自分の責任にもなる。

中尉は軍曹を呼んだ。そしてこういったその考えを、僕にも聞かせるようにして話して、本人の将来のためにその報告書を破ってくれないかと頼むように言った。

軍曹は不承(ふしょう)ぶしょうに承知した。が、それ以来、軍曹や曹長の目はますます僕の上に鋭くなった。

五

第二期生付のなんとかいう中尉は、自分の受け持ちでない僕に対しては、ほとんど無関心だった。が、第四期生付の北川大尉は、そのまだ第一期生付であったころから、妙に僕を憎みだした。

学校の前庭で彼に会う。僕はそのころの停止敬礼というのをやる。一間ばかり前で止まって、挙手の礼をするのだ。すると彼はきまってしばらく僕をにらみつけて、帽子のひさしに当てた指先の位置がどうの、掌（てのひら）の向けかたがどうのと、なにかの小言を言った。そしてうまく上衣かズボンのボタンでもはずれているのを見つければ、すぐそのつぎの日曜日は外出止めときた。また、珍しくきょうは外出ができると思って喜んでいると、銃器の検査だとか清潔検査だとかふれて寝室にはいってきて、銃の手入れが足りないとか靴に埃（ほこり）がかかっているとか言って、せっかく服まで着がえているのを外出止めにした。

ある日大尉は、夕飯のときに、きょうの月は上弦か下弦かという質問を出した。

「大杉！」

僕は自分の名を呼ばれて立った。それが下弦だということはもちろん僕は知っていた。けれども僕には、そのかという音が、どうしても出てこなかった。吃（ども）りにはか行とた行、ことにか行が一番禁物なのだ。いわんや、さらにその下にもう一つか行のげが続くのだ。

「上弦でありません」

しかたなしに僕はそう答えた。

「それではなんだ？」

「上弦でありません」

「だからなんだというんだ？」

「上弦でありません」

「だからなんだ？」

「上弦でありません」

「なに？」

「上弦でありません」

問い返されればますます言葉の出てこない僕は、軍人らしく即答するためには、どうしてもそう答えるよりほかにしかたがなかった。それを知っているみんなはくすくす笑った。

「よろしい。あしたは外出止めだ」

大尉はそう言いすてて、「直れ！」の号令でみんなが直立不動の姿勢をとっている間を、さっさと出ていってしまった。


吃(ども)りのことのついでに、僕の吃りをもう少しここに書いてみよう。

母はそれを小さいときにわずらった気管支のせいにしていた。が、父方の親戚に大勢吃りのあることは前にも言った。生まれつきの吃りであったらしい。そして小学校のころには半分唖(おし)のようだったことを記憶している。その吃るたんびに母にしかられてなぐられたこともやはり前に言った。

父はそれを非常に心配して、「吃音(きつおん)矯正」というような薬を本の広告で見ると、きっとそれを買って僕にためしてみた。が、いつもその効は少しもなかった。

こう言うとよく人は笑うが、僕には一種ごく内気な恥ずかしやのところがある。ちょっとしたことですぐ顔を赤くする。人前でもじもじする。これも生まれつきではあろうと思うが、吃りの影響も決して少なくはあるまい。また、言いたいことがなかなか言えないので、じりじりする。いら立つ。気も短くなる。また、人がなにか笑っていると、自分の吃るのを笑っているのじゃあるまいかと、すぐ気をまわす。邪推深くなる。というような精神上の影響がかなりあるように思う。

が、もう一度北川大尉の話にもどる。

ある晩、学校のすぐ裏の裁判所から火事が出た。僕らは不時呼集の訴えるようなラッパの声で目がさめた。学校の教室と塀一つでへだてて隣り合った登記所が燃えていた。

三年生はすぐポンプを出して消防に当たった。

二年生はあちこちの警衛に当たった。

北川大尉は、それぞれの命令を終えると、「大杉！」と僕を呼んで、さらに五、六人、組のほかの四人とほかに一、二名呼んで、すぐ御真影（ごしんえい）を前庭へ持ち出して、その警護をするようにと命じた。僕らはそれを非常な光栄と心得て、喜んで飛んでいった。

そこへ、しばらくして不時呼集で駆けつけたなんとかいう連隊長がきて、僕らの立っている植込みのそばで小便をしようとした。

「連隊長殿、ここに御真影があります」

僕は大きな声でどなりつけた。連隊長は恐縮して、敬礼して、立ち去った。僕らは非常に緊張した心持で、朝までその御真影のそばに立ち尽くした。そして僕は、その間、北川大尉に対するふだんの反感をまるで忘れていた。

また、その後、と言っても僕が幼年学校を退校した後のことであるが、僕よりも一年上だった田中という男が、けんかで中央幼年学校を退校させられて、僕の下宿にたよってきた。田中は北川大尉と同国の伊勢（いせ）だった。で、田中のおやじさんは心配して北川大尉を訪ねた。

「大杉といっしょにいるんですか。それならちっとも心配は要りません」

田中のおやじさんは、それで安心して、息子のところへ学費を送ってきた。

僕は田中のおやじさんのこの手紙を見たとき、どういうつもりなのか、北川大尉の気持がちっとも分らなかった。

下士どもの僕に対する追及はますます残酷になった。そしてついに、もう一度、あぶないところで退学されかかった。

四月のなかばごろに、全校の生徒が、修学旅行で大和（やまと）巡りに出かけた。奈良から橿原（かしはら）神宮に詣（もう）でて、雨の中を吉野（よしの）山に登って、なんとかいうお寺に泊まった。第二期生だけがほかの宿で、第四期生と僕らとがいっしょだった。

修学旅行や遊泳演習のときには、それがほとんど毎晩の仕事であったように、「仲間」の者は左翼や下級生の少年を襲うた。その晩も僕らは、坂田といっしょに、第四期生の寝所に押しかけた。そのみちで僕は、稲熊軍曹がその室（へや）の襖（ふすま）の隙間から、僕らをうかがっているようなのを察した。が、そうした場合によく、なるようになれという気になる僕はかまわず目ざすほうへ進んでいった。しばらくすると、広い室の向こうの障子が少し開いて、そこから軍曹らしい顔が見えた。僕はある少年の××××××××いたところであった。軍曹の顔が引っこんだ。まだそのあたりをうろついていたらしい坂田は、急いで反対のほうの側の障子から逃げた。僕は黙って軍曹の引っこんだあとを見ていた。

軍曹は曹長を連れてきた。そしていきなり僕を引っぱっていった。

その晩はそれっきりでなんのこともなく過ぎた。翌日は多武峰（とうのみね）を裏から登って、向こうの麓の桜井に降りた。僕らは同期生の右翼だけでそこの小さな宿屋に泊まった。おはちを三度ばかり代えさせたりして大いに騒いだ。が、まだなんのこともなかった。僕らは処分なしかなとか、学校へ帰ってからだろうとか話していた。

その翌日は長谷(はせ)の観音から三輪(みわ)神社に出た。そしてこの三輪神社の裏の森の中で、とうとうこなければならないことがきた。校長の山本少佐が、全生徒に半円を画(えが)かせて、厳かに僕に対する懲罰の宣告を下した。罰は、重営倉十日のところ、特に禁足三十日に処すというのだ。

六

僕はこの懲罰がどうしてあんなに僕を打撃したのかよく分らない。僕は生まれてはじめて、そしておそらくは絶後であろうと思うが、ほんとうに後悔した。三十日間の禁足をほとんど黙想に暮らした。そして従来の生活を一変することに決心した。

まず煙草(たばこ)をよした。そして今まではあばれまわることに費していた休憩時間を、多くは前庭の植物園に暮らした。

学校の前庭は、半分が器械体操場でほかの半分が立派な植物園だった。温室も大きいのが一つと小さいのが一つとあった。そしてその間に、僕らが「天文台」と呼んでいたものが立っていた。実際そこには、気温、気圧、風力、雨量などを計るかなり精巧な器械や、地震計などが備えつけられてあった。

中学校の三、四年程度までしかやらない初等学校で、こんな設備のあるのは、おそらくは今でもほかにはあるまいと思う。だが、この設備は、生徒のためではなくって先生のためのものだったようだ。

博物と理化の先生が校長とよく知っていて、最初学校を建築するときに、その先生が設計したのだというらわさがあった。先生は一人の若い助手といっしょに、いつも、やはりこの学校の分には過ぎた立派な設備の理化学実験室や、この天文台や植物園で暮らしていた。が、生徒にそれを十分利用することは少しも教えなかった。そして僕らが学校を出てから、どこかからその非難が起こって、この天文台は師範(しはん)学校かどこかへ売ってしまった。

僕はこの植物園の中を、小さな白い板のラテン語の学名や和名などを読みながら、歩き暮らした。そして絶えず今までの生活を顧みながら考えていた。

この反省はさらに、僕を改心というよりもほかの、他の方向へ導いていった。

それは僕がはたして軍人生活に堪(た)えうるかどうかということであった。吉野の事件では、将校会議で僕の退校処分を主張した士官もあったそうだが、そして北川大尉の代わりにきた国の津田大尉と受け持ちの吉田中尉とのおかげでようやく助かったのだそうだが、実際僕は退校するほうがいいのじゃあるまいかと考えだしたことだ。

下士どもの僕に対する犬のような嗅ぎまわりは、僕の改心になんの頓着もなく続いた。そして時々やはり、なにかの落度を見つけた。僕はまず、はたしてこの下士どもの下に辛抱ができるかと思った。彼らを上官として、その下に服従していくことができるかと思った。尊敬も親愛もなんにも感じていない彼らの、その命令に従うのは、服従ではなくして盲従だと思った。

そしてこの盲従ということに気がつくと、ほかの将校や古参に対する今までの不平不満が続々と出てきた。

僕ははじめて新発田の自由な空を思った。まだほんの子どものとき、学校の先生からも遁れ、母の目からも遁れて、終日練兵場で遊び暮らしたことを思った。

僕は自由を欲しだしたのだ。

こうした気持はまた、読書によってもよほど誘い出されたことと思う。

学校では、学校で渡す教科書や参考書のほかは、いっさい読書を厳禁してあった。しかしいろんな書物がひそかに持ちこまれた。

もう人の名も本の名もよくは覚えていないが、たとえば大町桂月とか塩井雨江とかいうような当時の国文科出身の新進文学士や、久保天随とか国府犀東とかいう漢文科出身の新進文学士が、しきりに古文もどきや漢文もどきの文章を発表した時代だ。僕はそんなものをしきりに耽読した。

僕が今ここに塩井雨江という名を挙げたのは、その人のなんかの文章の中に「人の花散る景色おもしろや」とあったのが、当時の僕の読んだものの中で覚えているたった一つのことだからである。だれのなにが僕にどんな影響を与えたかはなんにも記憶しない。

しかしたぶん、それらの本の中には、おそらくは幼稚な、しかし自由で奔放なロマンティズムが流れていたのではなかったかと思う。

そんな読書の影響であろうが、僕もそのころから擬古文めいたものを書いていた。これは三年になってからのことであるが、離宮拝観記というものを書いて、四宮憲章という漢文の先生から、「才多からざるに非ず、文巧みならざるに非ず、ただ柔弱、以て軍人の文とす可らず」という批評をもらったことを覚えている。その前半がきっとよほどのお得意で、そして後半がよほどの不平だったのだろうと思う。

が、二年のときのなんとかいう国語の先生は、僕のこの「才」を大いに愛してくれた。そしてある雪の日の作文の時間に、こんな日の練兵は「豪快」でもあろうが、しかしまたなんとかでもあろうと言って、そのなんとかという熟字を教えてくれた。僕はさっそく僕の文章の中にその熟字を使った。

それから数日して、僕は生徒監に呼ばれて、ほんとうにそう思ったのかと尋ねられて、よしほんとうでもそんなことは書くものでないとしかられた。あとで聞くと、先生もそんな字を教えるんじゃないとしかられたそうだ。

僕は先生の家へ一、二度遊びに行った。先生は、そうした××××××しさや、先生が判任官なので軍曹とともにいっしょに食事しなければならないことなどを、しきりにこぼして聞かした。

「君はいい時に出た。僕もとうとう出されちゃったよ。なんか仕事はないかね」

その後五、六年たって、ふと道で先生と会ったとき、先生は寂しそうに笑いながら言っていた。

その夏僕は、訓育(実科)では未曾有の十九点何分(二十点満点)で一番、学科では十八点何分で二番、操行ではこれまた未曽有の十四点何分で下から一番、平均して三十五番か六番かという成績表を持って、今までの僕にはなかった陰鬱な少年となって新発田へ帰った。

七

僕を佐渡へ旅行にやったりしてひそかに慰めていてくれたらしい父は、僕がまた名古屋へ帰る前の晩に、はじめて一晩ゆっくりと僕の将来を戒めた。母はなんにも言わずに、大きな目に涙をいっぱい浮かべて、そばに聞いていた。僕はそれで多少気をとりなおして新発田を出た。

が、東京に着くとフランス語のある中学校の、学習院と暁星中学校と成城学校との規則書をもらうことは忘れなかった。そして別に『東京遊学案内』という本をも買った。

幼年学校を退校する決心ではもとよりなかった。もう自由を欲するなどというはっきりした気持ではなく、ただなんとなく憂鬱に襲われてしかたがなかったのだ。そしてぼんやりとそんなものを手に入れて、それを読むことによって軽い満足を感じていたのだ。

学校に帰ってからも、しばらく、そんな憂鬱な気が続いた。そして一人で、夜前庭のベンチに腰をかけて、しくしく泣いているようなこともしばしばあった。

が、すぐにこんどは、凶暴な気持が襲うてきた。鞭のようなものを持っては、第四期生や新入の第五期生をおどして歩いた。下士官どもに反抗しだした。士官にも敬礼しなくなった。そして学科を休んでは、一日学校のあちこちをうろついていた。

軍医は脳神経衰弱と診察した。そして二週間の休暇をくれた。

学校の門を出た僕は、以前の僕と変わらない、ただ少しなにか物思いのありそうな、快活な少年だった。そしてその足ですぐ大阪へ行った。

大阪には山田の伯父が旅団長をしていた。僕は毎日、弁当と地図とを持って、摂津、河内、和泉と、所定めず歩きまわった。どうかすると、剣を抜いて道に立てて、その倒れるほうへ行ったりもした。

そして、すっかりいい気持になって学校へ帰った。

が、帰るとまた、すぐ病気が出た。凶暴の病気だ。気ちがいだ。

その間に、なにがもとだったのか、愛知県人と石川県人との間にごたごたが持ちあがった。石川県人は東京やそのほかの県の有力者に助けを求めた。

そのころ僕はいつも大きなナイフを持っていた。あるときはそれでそばへ寄ってこようとする軍曹をおどしつけた。みんなはそれを知っているので、敵の四、五名もそのナイフを研ぎだした。

夕方僕は味方の四、五人と謀(はか)って、敵に結びついた東京の一番有力ななんとかいう男を、撃剣場の前へ呼び出した。彼はくるとすぐナイフを出した。味方の四、五名は後じさりした。僕はナイフを出そうかと思って、いったんポケットに手を入れたが、思い返して素手のまま向かっていった。僕の研いだばかりのナイフを出せば、きっと彼を殺してしまうだろうと思ったのだ。

僕はナイフを振りあげてくる彼の腕をつかまえて、彼を前に倒した。彼は倒れながら、下からめった打ちに僕を刺した。

僕は全身が急に冷たくなったのと、左の手が動かなくなったのとで、格闘をやめて立ちあがった。彼も起きてきて、びっくりした顔をして僕をみはった。そこへ八、九人の敵味方がきた。そしてみんな、びっくりした目をみはって僕を見つめた。僕はからだじゅうまっ赤に血に染まって突っ立っていたのだ。

「これから医務室へ行こう」

僕はそう言ってさきに立っていった。医務室には年とった看護人が一人いた。みんなで僕をはだかにして傷をあらためた。頭に一つ、左の肩に一つ、左の腕に一つ、都合三つだが、どれもこれも浅くはないようだった。

「どうだ君がないしょで療治はできないか」

僕は看護人に聞いた。

「とてもだめです。たいへんな傷です」

看護人はとんでもないことをというように顔をあげて答えた。

「それじゃしかたがない。すぐ軍医を呼んでくれ」

僕はそこへ横になりながら言った。そして彼の名を呼んだ。

「しかたがない。二人でいっさいを負おう」

僕は彼のうなずくのを見て、そのまま眠ってしまった。


二週間ばかりして、僕がようやく立ちあがるようになったとき、父がきた。

父は最近の僕の行状を聞いて、「そんなに不埒（ふらち）な奴は私のほうで学校に置けません」と言って、即座に退校届を出して僕を連れて帰った。

が、帰ってしばらくすると、「願の趣（おもむき）さし許さず、退校を命ず」という電報がきた。

彼も同時に退校を命ぜられた。

新発田にはもう雪が降りだした十一月の末だった。

新生活

一

父に連れて帰られた僕は、病気で面会謝絶ということにして、毎日つい近所の衛戍病院に通うほかは、もと僕の室にしていた離れの一室に引きこもっていた。

この面会謝絶ということは僕自身から言いだしたのだが、父と母とはそれをごく広い意味に採用してしまった。離れには八畳と六畳とあって、奥のほうの八畳は父の室になっていたのに、父はまるでその室にはいってこなかった。母も僕の室にくることはめったになかった。そして、女中どもはもちろん妹どもや弟どもにまでも堅く言いつけて、決して離れへはよこさなかった。

「兄さんは少し気が変なんだからね。決して離れへは行くんじゃないよ」

これはあとで聞いた話なんだが、母はみんなにそう言っていた。そして小さな妹どもや弟どもは、その恐いもの見たさに、よくそっと離れに通う縁側まできては、なにかにあわててばたばたと逃げ出していった。

ていのいい座敷牢にあったのだ。

が、飯だけは母家のほうへ行ってみんなといっしょに食った。みんなは黙ってじろじろ僕の顔を見ているし、僕も黙って食うだけ食って自分の室へ帰った。

僕の頭の中にはもう、学校の士官のことも下士官のことも、学友の敵味方のこともなんにもなかった。したがってまた、それに付随して起こってくる凶暴な気持もちっとも残っていなかった。幼年学校の過去二年半ばかりの生活は、またその最近の気ちがいじみた半年ばかりの生活は、ただぼんやりと夢のように僕の後ろに立っているだけであった。そしてその夢がまだいくぶんか僕を陰鬱にしていた。が、僕の前には、新しい自由な、広い世界がひらけてきたものだ。そして僕の頭は今後の方針ということについて充（み）ち満ちていた。

　学校での僕のお得意は語学と国漢文と作文とだった。そして最近では、学課はたいがいそっちのけにして、前にも言ったように当時流行のロオマンティクな文学に耽（ふけ）っていた。そして僕はその作物や作者の自由と奔放とにひそかに憧れていたのだ。

「君らは軍人になって戦争に出たまえ。そのときには僕は従軍記者になって行こう。そして戦地でまた会おう」

　僕は軍人生活がいやになったとき、よく学友らとそんな話をした。が、あながち新聞記者になろうというのではなく、ただぼんやりと文学をやろうと思っていたのだ。そして戦争でもあれば、従軍記者になって出かけていって、「人の花散る景色おもしろや」というような筆をふるってみたいと思っていたのだ。

　僕はまず高等学校にはいって、それから大学を出ようと思った。そしてその前に、どこかの中学校の上級にはいって、その資格を得なければならないと思った。が、それには、もう英語をほとんど忘れてしまった僕は、どこかフランス語をやる中学校を選ばなければならなかった。そしてその中学校は学習院と暁星（ぎょうせい）中学校と成城学校との三つしかないことを知っていた。

　僕はその夏東京で買った『遊学案内』をひろげてみた。そしてそれらの中学校の上級にはいるためのいろんな予備学校のあることが分った。中学校の五年の試験を受けるには僕の学力はまだ少し足りなかった。で、僕はまずすぐに上京して、どこかの予備学校にはいって、そして四月の新学年にどこか都合のいい中学校の試験を受けようと思った。

うちへ帰って二、三日の間に、これだけのことはすっかりきまった。あとはもう、時機を見て、それを父に話すだけのことだ。

僕はその時機がただちにくるだろうことも、また父がきっとそれを承知するだろうことも、楽観して、黙ってその時のくるのを待っていた。そして終日、離れの一室にこもって、近い将来の東京での自由な生活を夢みながら、自分の好き嫌いにはかまわずに、一人で一生懸命いろんな学課の勉強をしていた。


が、その間にも、このごく平静な気持を乱すたった一つのことがあった。それは、母家のほうがいつもよりはよほど客の出入りが多くて、そして妙ににぎやかにざわついていることだった。母は、できるだけ僕の気にさわらないように自分にもまたみんなにもつとめさせて、僕にはごく優しくしてくれながらもできるだけ口数は少なくしているくらいだのに、その顔には憂いの暗い色よりもむしろ喜びの明るい色のほうが勝っていた。そしてそのお客とはしゃぎ騒ぐ声がよく離れにまで聞こえた。僕はうちになにかあるんだなと思った。そして、ふと、ある日、母とお客との話の間に「礼ちゃん」という言葉を聞きとめた。

「礼ちゃんがうちからどこかへお嫁へ行くんじゃあるまいか」

僕はすぐそう直覚した。そういえば、いろいろ思い当たることもある。汽車で柏崎を通過したとき、見覚えのある丈の高い頬から顎に長い髯をのばした礼ちゃんのお父さんが軍服姿で立っていた。

「どうした。いっしょに連れてこなかったのか」

「うん。ちょっと都合があるんで、少しのばして、親子いっしょにやることにした」

父と礼ちゃんのお父さんとの間にそんな会話が交わされた。僕はなんのこととも分らない、この親子いっしょというのにちょっと心を動かされながら、父の大きな黒いマントで白い病衣のからだを包んで、黙って礼ちゃんのお父さんを盗み見していた。名古屋からどこへも寄らずに、こうして汽車の中を父と二人で黙って通してきた僕には、この会話が多少気になりながらも、発車したあとでそれを父に問いただすことはできなかった。

それから、いよいようちに着いたときにも、やはりそれと関係のあるらしいあることがあった。

「おや、いっしょに連れてこなかったんですか」

僕らの俥(くるま)が玄関に着いたとき、あわてて出てきた母が、父と僕とを見てがっかりしたようなふうで言った。僕のほかに父がだれを連れてくるはずだったのか、そのときには、僕はこれと柏崎でのことを結びつけて考えることができなかった。

しかし、もう事(こと)は明白になった。きっと近いうちに礼ちゃんがうちにくるのに違いない。そしてうちからどこかへお嫁に行くのに違いない。僕はそう思うと急に胸がどきどきしてくるのを感じた。もう長い間まるで忘れてしまったように思い出しもしなかった、礼ちゃんのことが、わくわくと胸に浮かんできた。そして、どうしてもこれを確かめなければならないような気持になって、飯のときのほかめったに行くこともない母家の母の室(へや)へ行った。

母はどこかの女のお客と話ししながら、親子で女中していた二人の客に手伝わして、なんだか知らないがきれいな模様のある布団に綿を入れていた。そして「ほんとにきれいな模様ですわね」とか、

「こんないい布団で寝たらどんなにいい気持でしょう」とかいうようなことをその女中たちが言って
いた。
「だれの布団？」
僕がはいっていったことにはまるで無関心のような顔つきをしているみんなの中へ、僕はだれにと
もなくこう問いかけた。みんなが異常な親しみをもってその話題にしているこの布団が、だれのため
に、なんのためにつくられているのか、実際僕にはちっとも見当がつかなかった。
「おまえ、千田さんの礼ちゃんを知っているね。こんどあの子がお嫁に行くの。そしてこの布団はね、
そのとき礼ちゃんが持っていくの。あしたはきっと礼ちゃんがお母さんといっしょにうちへくるでし
ょう」
母のこの返事はいっぺんに僕の顔をまっ赤にしてしまった。僕はその赤い顔を人に見られないうち
にと思って、急いで自分の室(へや)へ逃げて帰った。そして室へはいるとすぐ、机の上に両肘を立ててしっ
かりと頭を押さえて、いま見てきた布団のはでな色を遠のけようと思って目を閉じていたが、その目
からはいつのまにか、あつい涙がぽたりぽたりと落ちていた。
「人の恋人をうちで世話してよそへやるのもひどいが、人の目の前でその結婚のときの布団を縫って
みせるなんて実にひどい」
ついさっきまではもう二、三年も思い出しもしなかった、ほんの幼な友だちのことを、こうして僕
はまるで自分の恋人のように考えだしたのだ。そして、それを今よそへ取られるのだというような気
持にまでもなったのだ。

しかしその翌日、はたして礼ちゃん親子がやってきてからは、この失恋に似た妙な気持よりも、現に彼女と一つ家に生活しているという喜びのほうが、よほど強かった。

　彼女らは、僕の室（へや）の窓から二間ほどの庭をへだてた向こうの座敷をその室にあてがわれた。その窓からでも、彼女らの顔は、向こうの障子のガラス越しに見えるのだ。彼女はくるとすぐ、いずれ母からなんとか注意があっただろうのにもかまわずに、僕の室を訪ねてくれた。そしてひまさえあれば、というよりもむしろ彼女の母さんの隙をうかがっては、僕の室へ遊びにきた。

　彼女は今すぐ嫁に行くのだというような顔はちっともしてみせなかった。僕がそんなほうへ話を持っていっても、すぐ僕の口をおさえるようにして、話をほかへ移してしまった。彼女はただもうほとんど治った僕の傷だけを、始終気にした。そして学校を退学されたことについては、「いいわ、軍人よりももっとえらい人になりさえすればね」と言っただけで、かえって僕の将来を祝福しているようにすら見えた。僕も彼女には僕の将来の方針を打ち明けた。

「私なんか、学校の先生も師範（しはん）学校へはいれってすすめてくださるし、私もそうしてもっと勉強する気でいたんだけれど、もうだめだわ。あなたなぞは、これからがほんとうの勉強なんですもの」

　彼女はこう言って僕を励ましては、僕の少年時代の才能をほめたて、そのころの無邪気ないろんな追憶に移っていった。僕も彼女がすぐ結婚するんだということもほとんど忘れて、恋人とでも話しするような甘い気持になって、彼女といっしょにその追憶に耽（ふけ）っていた。

　ある日僕は、彼女の室（へや）で、彼女親子と母とがなにごとかしきりにささやき合っているのに聞き耳を立てた。

「どうして、おばさん、気が変などころじゃあるもんですか。私、しょっちゅう遊びに行ってお話ししているんですけれど、そんなところはこれっぱかしでも見えませんわ。そして、これからがほんとうの勉強だと言って、一生懸命になって勉強していらっしゃるんですもの」

「そうかね。私はまた、夜いつ目をさましてみても、きっと離れのほうで本の紙をめくる音がして、はばかりへ行ってみても離れでかんかんあかりが点(とも)っているので、なんだか気味が悪かったくらいよ」

「ええそうして毎晩遅くまで勉強していらっしゃるんだわ。そして近いうちに東京へいらっしゃりたいんですって。これからの方針もなにもかも、もう自分一人でちゃんときめていらっしゃるんだわ。ね、おばさん、ほんとうにしっかりしていらっしゃるんだから、私、栄さんに代わっておばさんやおじさんにお願いしますわ、早く栄さんのお望みどおりに東京へ出しておやんなさるといいわ」

「まあ、そんなに勉強しているんですかね。私はまた、うちで少し気が変だなんていうから、どんなに心配していたかしれないの。そして黙って見ているんだけれど、別にこれといって変なところもなしね。かえって変に思っていたくらいですわ。礼ちゃん、ほんとうにありがとうよ。私、それですっかり安心したわ」

　僕はこの話し声を聞いて、本を閉じて、一人でしくしく泣きながら、どんなことがあってもうんと勉強して、彼女のためにだけでもえらい人間になってみせると一人で誓った。

　その晩は珍しく礼ちゃんが夜遊びにきた。が、その日の話については、彼女もなんにも言わなければ、僕もまたなんにも言うことができなかった。僕はただ黙って、心の中でだけ彼女に感謝しているほかはなかった。そして彼女はいつもと同じように、僕を慰め励まして、幼な物語りに夜をふかして自分の室(へや)へ帰っていった。

その翌日は、朝早くから、うちじゅうが総がかりでごたごた騒いでいた。そして夕方に、女中どもや子どもたちを残して、みんなが出てしまった。僕はいよいよ礼ちゃんがお嫁に行ったのだなと思った。礼ちゃんがなんにも言わずに行ってしまったことはずいぶん寂しかったが、もう恋人を人にとられたような妙な気持はちっともしなかった。そして、ただ彼女の上に幸あれと思うほかに、きのう一人で彼女に誓った言葉をまた一人で繰り返していた。

二

それから四、五日たって、ある晩僕は父と母との前に呼ばれた。父の顔にはもう僕を名古屋へ迎いにきて以来の、むずかしそうな筋が一つも出ていなかった。母も僕がはいっていったときにいつもちょっとやる、そのはいっていったのを知らないような顔つきはよして、にこにこして迎い入れてくれた。

「これからどうするつもりだ」

父はできるだけ優しく、しかし簡単にただこれだけのことを言った。僕は一人できめていただけのことをはっきりと、しかしやはり簡単に答えた。

「文学はちょっと困るな」

父は僕の言葉を聞き終わると、ちょっと顔をしかめて首を傾けた。

「文学ってなんですの」

母は心配そうに父の顔をのぞいた。

「それ、あの桑野の息子がやったようなものさ」

「あの、大学を卒業して、なんにもしないで遊んでいる、あの方？」

「うん、あれだ。あんなんじゃ困るからな」

僕はその桑野の息子というのがどんな男か知らなかったが、母もそう言われれば、父に賛成するほかはないらしかった。

「そうね」

「とにかく東京へ出して勉強はさせてやるつもりだが、文学というのだけはもう一度考えなおしてみてくれ。おまえも七、八人の兄弟の総領なんだからな、医科とか工科とかの将来の確実なものなら、大学へでもやってやるがね。どうも文学じゃ困るな」

父はまた顔をしかめて首を傾けた。

「でも、せっかくそうときめたことを今すぐ考えなおすというわけにも行きますまいし、もう一日二日考えさしてみたらどうでしょう」

母は父にそう言ってなお僕にも付けたして言った。

「お父さんも東京へ出してやるとおっしゃるんだから、今晩はもうこれで室へ帰って、もっとよく考えてみてごらん」

僕はそれでもう僕の目的の七、八分は達したものと思って喜んで室に帰った。

その翌日は、たぶん父に頼まれたのだろうと思うが、医学士で軍医の平賀というのがきて、しきりに医者になれとすすめていった。これは子どものときから僕が始終世話になっている医者で、幼年学校の入学試験のときにも僕の目の悪いのを強いて合格にしてくれた人だった。が、僕にはどうしても医者になる気はなかった。その後外国語学校を出たときにも、今の平民病院長の加治ドクトルが、その息子の時雄君の連れとなってフランスへ行って医学をやったらどうかとすすめてくれたのだが、やはりどうしても医者になる気はなくって断ってしまった。そしてさらにその後、自然科学に興味を持つようになってから、いっそのことあのときに医者になっていればよかったと、時々にそして今でもまだそう思うことがある。

が、そこへ、もう一人、ちょうどいい妥協論者が出てくれた。それは父がだいぶ目をかけていた森岡という若い中尉だった。父はこの中尉にきっと僕のことを相談したに違いなかった。中尉は僕のところにきて、友だちのようにして相談に乗ってくれた。

「お父さんはどうしても文学は困るというんだが、ほかになにか方法はないものかね」

中尉はうちの財政上のことからいろんな話をして、僕に再考を求めた。

「そんなら語学校へ行ってもいいんです」

僕は大学がだめならこうという、僕の第二案を打ち明けた。

「そりゃいい、それならきっとお父さんも賛成する。よし不賛成でも、きっと僕が賛成さしてみせる」

中尉は、僕が語学校と言いだしたので、急に元気づいて賛成した。

当時陸軍では、ことに田舎の軍隊では、再帰熱のように時に起こる語学熱が流行っていた。陸軍大学へはいれなくっても、多少語学ができさえすれば、洋行を命ぜられたり要路につかせられたりして、出世の見込みが十分についた。森岡中尉も、やはり幼年学校出身で、フランス語をやっていた。そしてそのフランス語を大成さすべく、しきりに東京へ出て語学校へはいりたがっていたのだ。礼ちゃんの花婿の隅田中尉というのも、これは中学校出身で英語がお得意なので、やはりなんとかして東京へ出て語学校へはいりたいと言っていた。父も、以前にはフランス語をやったりドイツ語もやったりしていたが、そのころは新しくまたロシア語をやりだしていた。

そんなときなので、語学校を出ればなんになれるのかということなどはごくぼんやりと考えただけで、中尉も父もすぐ僕の第二案に賛成してくれた。が、僕は語学校を出ればすぐ大学の選科にはいれ、その選科からはさらに普通学の試験を受けて本科に移れることをよく承知していたのだった。

とにかく僕はすぐにも上京することを許された。そして自分で元日の朝早く出発することにきめた。が、この元日には俥屋（くるまや）が行こうと言わないので、しかたなしに翌二日にのばした。

元日の朝は暖かいいい天気だった。それが昼ごろから曇りだして、夕方にはもう霏々（ひひ）として降る大雪の模様になった。その晩の十二時少し過ぎだ。もう三、四尺積もっている雪の中を、僕は橇（そり）に乗って二人の俥夫（しゃふ）に引かれてうちを出た。

「まあ、あんなに喜んで行く」

母は一人で玄関のそとまで僕を送り出して、自分もやはりうれし泣きに泣いていた。

町はずれまではまだよかった。が、町を出るともう橇は一歩も進むことができなかった。俥屋のおかみはあらかじめそうと知って、ゆうべの間に一度止めにきたのだ。しかし僕がどうしても聞かないのでしかたなしに一番屈強な男を二人選んでよこしたのだが町を出ると、雪ですっかり埋もっている道は、その俥夫の一歩一歩の足を腿（もも）まで食いこんだ。そんなことで橇が引けていけるものではない。それに、橇の上に乗って、僕がその中に座っている籠は、時々横合いから強い風を受けてひっくり返りそうになる。とうとう俥夫らは立ちどまって、「もうとてもだめです」と言う。

「それじゃ歩いていこうじゃないか」と僕は言いだした。「君らの中の一人がまっさきに歩くんだ。

その足あとを伝って僕がまん中になっていく。そのあとへまた、君らの中のもう一人が僕の荷物をかついでいく。そして先頭の者としんがりの者とは時々交代するんだ。僕だって、ときには先頭に立ったり、しんがりになって荷物を持ったりしたっていいよ」

倬夫らはこの提案を喜んだ。

「わしらだって、うちのおかみさんや奥様とお約束して、なあに大丈夫でさあって引き受けてきたんですからね。今さらとてもだめでしたっておめおめ帰れもしませんよ」

そして彼らは急いでその橇を近所のどこかへ預けて、僕の言うとおりにして歩きだした。

が、道は遠いのだ。北越線の一番近い停車場の新津(にいつ)へ出るのに、新発田(しばた)からは七、八里あるのだ。そしてその間には、半里も一里もの間家一軒もない、広い野原をいくつも通り抜けなければならんのだ。雪は降る。眼前数歩のさきはなんにも見えないほどに、細い雪がおやみなく降る。降るばかりならまだいい。時々強い風がきては、足もとの雪を顔に吹きあげる。そんなときには、ただしっかりと踏みとどまって、その風の行ってしまうのを待っているほかはない。そしてまた、ただほかよりは少し小高くなっている道を当てに、一歩一歩腿まで埋まりながら重い雪靴の足を運んでいくのだ。

ちょうど新発田と新津(う)との中間の、水原(すいばら)という町の向こうの、一里ばかりの原に通りかかったときには、三人とも疲れと餓えとでへとへとになってしまって、幾度その原の中で倒れかかったかしれなかった。そして五歩歩いては休み十歩歩いては休みして、ようやくその原のまん中の一軒家に着いたときには、みんなもうまるで死んだ者のようだった。

しかし、その一軒家で大きな囲炉裡(いろり)に火をうんと燃やして、一時間ほどそのまわりに転がって寝て、そしてあつい粥(かゆ)を七、八はい掻(か)っこんだあとでは、すっかりもとの気分になっていた。

そして夕方近いころに、一番の汽車に間に合うはずであった新津に、ようやく着くことができた。

東京に着くとすぐ、僕は牛込矢来町の、当時から予備か後備かになっていた退役大尉の、大久保のお父さんを訪ねた。上京のたんびに僕はこの大久保のうちへ遊びに行って、そのすぐ向かいに下宿屋のあることを知っていたので、大尉の監督の下にそこへ下宿するように父に申し出てあったのだった。

若松屋というその下宿には、幸いに奥のほうに、四畳半の一室があいていた。そして僕は、正月の休みの間に探し歩いた、猿楽町の東京学院へ（今はもうないようだが）、中学校五年級受験科というのにはいって、毎日そこから通うこととなった。そこでは僕は自分の学力の足りないと思った数学や物理化学に特に力を入れて勉強した。そして同時にまた、あるいは四月ごろになってからだとも思うが、夜は、そのころ四谷の箪笥町に開かれたフランス語学校というのに通った。これは、庄司（先年労働中尉と呼ばれたあの庄司なんとか君の親爺さんだ）という陸軍教授が主となって、やはり陸軍教授の安藤（忠義）（今は早稲田の教授）だの、なんとかという高等学校の先生のフランス人だのがはじめた学校だった。

こうして僕は、東京に着く早々、なにもかも忘れて夜昼ただ夢中になって勉強していた。

が、なによりも僕は、僕にとってのこの最初の自由な生活を楽しんだ。すぐ向かいには監督であり保証人である大尉がいるのだが、これはごくお人よしの老人で、一度でも僕の室をのぞきにくるでもなし、訓戒らしいことを言うのでもなし、また僕の生活について何ひとつ聞いてみるというのでもなかった。僕はまったく自由に、ただ僕の考えだけで思うままに行動すればよかったのだ。

東京学院にはいったのも、またフランス語学校にはいったのも、僕は自分の存分一つできめた。そして大尉や父にはただ報告をしただけであった。僕が自分の生活や行動を自分一人だけで勝手にきめたのは、これがはじめてであり、そしてその後もずっとこの習慣に従っていった。というよりもむしろだんだんそれを増長させていった。

僕は幼年学校で、まだほんの子どものときの、学校の先生からも遁(のが)れ父や母の目からも遁れて、終日練兵場で遊び暮らした新発田の自由な空を思った。その自由がいま完全に得られたのだ。東京学院の先生は、生徒が覚えようと覚えまいとそんなことにはちっともかまわずに、ただその教えることだけを教えていけばいいというふうだった。出席しようとしまいと教授時間中にはいっていこうと出ていこうと、居眠りしていようと話していようと、そんなことは先生にはなんの関係もないようだった。そしてフランス語学校のほうでは、生徒が僕のほかはみな大人だったので、先生と生徒とはまるで友だち付き合いだった。一時間の間、膝にちゃんと手を置いて、不動の姿勢のまま瞬(まばた)き一つせずに、先生の顔をにらめている幼年学校と比べればまるで違った世界だった。

僕はただ僕自身にだけ責任を持てばよかったのだ。そして僕はこの自由を楽しみながら、僕自身への責任である勉強にだけ、ただ夢中になっていた。

三

けれどもやがて、この自由を憧れ楽しむ気持がただ自分一人のぼんやりした本能的にだけではなく、さらにそれが理論づけられて社会的に拡張される機会がきた。ごく偶然にその機会がきた。

僕はそのころの僕の記憶の一断片について、かつて『乞食の名誉』の中の一編「死灰の中から」の中に書いた。

僕が十八の年の正月ごろだった。（あるいはもう二、三カ月かもっとあとのことかもしれない。）まだ田舎から出たてのしかも学校の入学試験準備に夢中になって、世間のことなぞはまるで知りもせず、また考えてもみない時代だった。僕は牛込の矢来に下宿していた。ある寒い日の夕方、その下宿にいた五、六人のW（早稲田）大学の学生が、どやどやと出ていく。そとにも大勢待っているらしいがやがやする音がする。障子をあけてみると、例の房のついた四角な帽子をかぶった二十人ばかりの学生が、てんでに大きなのぼりみたいな旗だの高張提灯だのを引っかついで、わいわい騒いでいる。

「もう遅いぞ。駆け足でもしなくっちゃ間に合うまい」

「ああ、しかしそのほうがかえっていいや。寒くはあるしそれにこの人数でお一二、お一二で走っていけば、ずいぶん人目にもつくだろう」

「そうだ。駆け足だ！　駆け足だ！」

みんなは大きな声でかけ声をかけて元気よく飛んでいった。そのときの「Y（谷中）村鉱毒問題大演説会」と筆太に書いたのぼりの間に、やはりなにか書きつけた高張りの赤い火影がゆらめいていく光景と、みんなの姿が見えなくなってからもまだしばらく聞こえてくるお一二、お一二のかけ声とは、今でもまだはっきりと僕の記憶に浮かんでくる。これがY村という名をはじめて僕の頭に刻みつけた出来事であった。そしてそれ以来僕はそのころ僕がとっていた唯一の新聞のY新聞（万朝報）におりおり報道され評論されるY村事件の記事を多少注意して読むようになった。

Y村問題はすぐに下火になった。いま考えてみると、ちょうどそのころがこの問題について世間が大騒ぎした最後のときであったのだ。したがってY村についての僕の注意も一時立ち消えになった。しかしこの問題のおかげで、僕はY新聞のD（幸徳）。やS（堺）、M（東京毎日）新聞のK（木下尚江）。、W大学のA（安部磯雄）。などの名も知り、同時にまた新聞紙上のいろんな社会問題に興味を持つようになり、ことにDやSなどの文章にだいぶ心を引かれるようになった。そしてその翌年の春ごろには、学校で「貧富の懸隔（けんかく）を論ず」などという論文を書いて、自分だけはいっぱしの社会改革家らしい気持になっていた。

　僕ばかりじゃない。さらにその翌年、DとSとがその非戦論のためにY新聞を出て一週刊新聞（平民新聞）をはじめて、新しい社会主義運動を起こしたとき、それに馳（は）せ加わった有為の青年の大部分は、この鉱毒問題から転じてきた者か、あるいはこの問題に刺激されて社会問題に誘いこまれた者であった。

　これは谷中村の鉱毒問題について書いたものの中の一断片だ。したがって、もちろんその中には嘘（うそ）はないのだが、多少いっさいを鉱毒問題のほうへ傾けすぎた嫌いはある。それを今後は、この行を書いているさなかの自由という気持の記憶のほうへ、もう少し傾けなおさなければならない。そのほうが、少なくとも今は、ほんとうだと思うのだ。

　僕はただ一番安いということだけで万朝報をとった。田舎者でしかも最近数年間は新聞を見るのを厳禁されて、世の中はただ軍隊の生活ばかりのように考えこまされていた僕は、そのほかにどんな名のどんな新聞があるのかもろくには知らなかった。その数年間の世間の出来事についても、僕がいま覚えているのは、皇太子（今の天皇）の結婚と星亨（ほしとおる）の暗殺との二つぐらいのものだ。皇太子の結婚は僕が幼年学校にはいるとすぐだった。僕らは二人が伊勢（いせ）へお参りするのを停車場の構内で迎えて、二人のごく丁寧な答礼にすっかり恐縮しかつありがたがったものだ。それを思うと、これはまったくの余談ではあるが、山川均君なぞは恐ろしいほどの先輩だ。彼はすでにそのころキリスト教主義の小さな雑誌を出していて、この結婚についてのなにかを批評して、そして不敬罪で三年九カ月とか食っているのだ。星亨の暗殺は僕が幼年学校を出る年のことだったが、僕はそれを学校の庭で、しばらく星の家に書生をしていたという一学友から聞いただけだった。そしてそれに対してはただ、剣客伊庭なにがしの腕の冴えに感心したくらいのものだった。星がどんな人間でどんな悪いことをしたかというようなことはまるで知らなかった。

この盲の手をほんの偶然に手引きしてくれたのが万朝報なのだ。僕はこの万朝報によってはじめて、軍隊以外の活きたいろんな社会の生活を見せつけられた。ことにその不正不義の方面を目の前に見せつけられた。

しかしその不正不義は僕の目には、ただ世間の単なる事物として映り、単なる理論としてはいったくらいのことで、それが僕の心の奥底を沸きたたせるというほどのことはなかった。それより僕はその新聞全体の調子の自由と奔放とにむしろ驚かされた。そしてことに秋水と署名された論文のそれに驚かされた。

彼の前には、彼を妨げる、また彼の恐れる、なにものもないのだ。彼はただ彼の思うままに、ほんとうにその名のとおりの秋水のような白刃の筆を、その腕のふるうに任せてどこへでも斬りこんでいくのだ。ことにその軍国主義や軍隊に対する容赦のない攻撃は、僕にとってはまったくの驚異だった。軍人の家に生まれ、軍人の間に育ち、軍人教育を受け、そして軍人生活の束縛と盲従とを呪っていた僕は、ただそれだけのことですっかり秋水の非軍国主義に魅せられてしまった。

僕は秋水の中に、僕の新しい、そしてこんどはほんとうの「仲間」を見いだしたのだ。が、たった一つ癪にさわったのは、僕が水のしたたるような刀剣を好きなところからひそかにみずから秋水と号していたのを、こんど別に秋水という有名な男のあることを知って、自分のその号を葬ってしまわなければならないことだった。

それと、もっと近くにいて僕の目をあけてくれたのは、同じ下宿のすぐそばの室にいた佐々木という男だった。彼はもう二、三年前に早稲田を出て、それ以来毎年高等文官の試験を受けては落第している、三十ぐらいの老学生だった。いつも薄汚い着物を着て、頭を坊主にして、秋田あたりのズウズウ弁で愛嬌のある大きな声を出して女中をどなっていた。その顔も厳めしそうな八字髭はやしていたが、両頬に笑くぼのある、丸々とした愛嬌面だった。友だちのない僕はすぐこの老書生と話し合うようになった。彼は議論好きだった。そして僕のような子どもをつかまえても議論ばかりしていた。僕も負けない気で、秋水の受け売りかなんかで、盛んに泡を飛ばした。

それから、この佐々木の友人で、フランス語学校で同じ高等科にいた小野寺というのと知った。これもやはり、二、三年前に早稲田を出て、そのころは研究科でたった一人で建部博士の下に社会学をやっていた、少し出歯ではあったが、からだの小さい、貴公子然とした好男子だった。

ある晩、学校からの帰りに、同じ生徒の高橋という輜重兵大尉が、彼に社会学というのはどんな学問かと尋ねた。

「たとえば国家というものが、またその下にあるいろんな制度がですね、どんなふうにして生まれて、そしてどんなふうに発達してきたかというようなことを調べるんです」

小野寺は得意になって、やはり佐々木と同じように少々ズウズウ弁ながら、多少演説口調で言った。

「そりゃおもしろそうですな」

士官学校の馬術の教官で、縫い糸を一本手綱にしただけで自由に馬を走らせるという馬術の名手の高橋大尉は、ほんとうにうらやましそうに言った。

社会学というのは、またそれがどんなものかということは、これが僕には初耳だった。そして僕も、高橋大尉といっしょにこんな学問をしている小野寺をうらやましがった。そして小野寺や佐々木に頼んで、社会学の本だの、その基礎科学になる心理学の本だのを借りて、まるで分りもしないものを一生懸命になって読んだ。たぶん早稲田から出た遠藤隆吉の社会学であったか、それとも博文館から出た十時なんとかいう人の社会学であったか、それともその両方であったかを読んだ。また、金子馬治の『最近心理学』という心理学史のようなものも読んだ。そしてついでに、同じ早稲田から出ている哲学の講義のようないろんなものも読んだ。

小野寺はまた僕に仏文のルボン著『群衆心理』というのはおもしろい本だから読めと言ってすすめた。それも僕は、字引を引き引き、しかもとうとうろくに分らないながらも読んでしまった。

学習院は欠員なしでだめ、暁星中学校もだめとあって、その四月に、僕はあとたった一つ残っている成城中学校へ試験を受けに行った。が、願書を出すときには外国語をフランス語として出して受け付けたのが、いよいよ試験の日になって「こんどの五年にはほかにフランス語の生徒がいないから」というのでむだに帰されてしまった。

そして僕は九月まで待って、どこか英語の中学校の試験を受けなければならないはめになった。それで僕は急に英語の勉強をはじめた。そしてユニオン読本の四が読めさえすればどこへでもはいれると聞いて、ほかの学科のほうはよして、そのユニオンの四を近所のなんとかいう英語の先生のところへ教わりに行った。もう幾年かまるで英語の本をのぞいても見なかったので、始めからユニオンの四にぶつかるのは実に無茶なことだった。しかし僕は先生のところでその講義を聞いてきては、さらにうちへ帰って字引と独案内（ひとりあんない）とを首っ引きにして、それこそほんとうに一生懸命になって勉強した。そして一、二月するうちにはそのユニオンの四もたいした苦にはならなくなった。

すると七月か八月の幾日かに、突然僕は「母危篤すぐ帰れ」という父の電報を受け取った。

母の憶(おも)い出

一

父の家は尾上町(おのうえちょう)のすぐ近所の西ヶ輪(にしわ)という町の、練兵場の入口の家に引っ越していた。もと谷岡という少佐が住んでいて、僕はその息子と中学校で同級だったので、前からよく知っている家だった。谷岡は幼年学校や士官学校の試験にいつも失敗して、とうとう軍人になりそこねて、のち慶応にはいって、今はどこかの新聞の経済記者になっていると聞いた。そしてその家の裏には、先年社会主義思想を抱いているというので退役された、松下芳男(よしお)中尉が住んでいた。もちろんまだ当時はほんの子どもで僕の弟の友だちだった。

玄関にはいると、僕は知っている人たちや知らない人たちの大勢がみな泣きながら、あっちへ行ったりこっちへ行ったりしてうろうろしているのを見た。僕は母はもう死んだのだと思った。しかもまだいま死んだばかりのところだと思った。そしてそのうろうろしている人たちの一人をつかまえて、「お母さんはどこにいます」と聞いた。が、その女の人はちょっと大きく目をみはって見て、なんにも答えないで、わあと声を出して泣いて、逃げるようにして行ってしまった。僕はまたもう一人の女の人をつかまえた。が、やはりまた、前と同じ目にあった。

しかたがないので、どこか奥のほうの室(へや)だろうと思いながら、まずさきの人たちの逃げこんだ玄関のすぐつぎの室にはいった。その室とその奥の座敷との間の襖(ふすま)は取りはずされて、その二つの室いっぱいに大勢の人たちが座っていた。僕がはいっていくと、みんなは泣きはらした目をやはりさきの人たちと同じように大きくみはって僕の顔を見つめていたが、僕がまた「お母さんはどこにいます」と聞くと、その中の女の人たちはまたわあと声をあげて泣きだした。そしてだれ一人僕の問いに答えてくれる人はなかった。僕は変な気持になりながら、しかたなしに、また襖をあけて玄関の奥の一室にはいった。そこは母の居室になっていたものと見えて、簞笥だの鏡台だのが並んでいるだけで、だれもいなかった。僕はそこに突っ立ったまま、いったいどうしたことなんだろうと思いながら、ぼんやりしていた。

そこへ、それがだれだったかはもう忘れてしまったが、とにかく母と親しくしていたそして僕も好きだったある軍人の細君がはいってきた。

「あなたはまあどうしたんです。おさきにいらっしたんですか」

彼女もやはり目を泣きはらしながら、しかししっかりとした口調でしかるように言った。僕はその「おさきに」という言葉がなんのことだか分らなかった。しかし、とにかく、

「いや、僕はいま東京からきたんです」

とだけ答えた。

「それじゃあなたは新潟へはいらっしゃらなかったんですか」

「え、行きません。母は新潟にいるんですか」

「ああ、それじゃあなたはなんにも知らないんですね。まあ……」

と言いながら彼女はほろほろと涙を流した。

「母はもう死んだんですか」

「ええ、きのう新潟病院でおなくなりになりました。そして、きょう、もうすぐみなさんでこちらへお帰りのはずです」

僕はそう聞くと、なるほど、うちの者はだれもいないなと気がついた。そして同時にまた、はじめて自分で電報というものを受け取った僕が、その差出人のところはちっとも見ずにただ中の「母危篤すぐ帰れ」というのだけを見て、驚いて向かいの大久保から旅費を借りて上野の停車場へ駆けつけたことを思いついた。

「お着きです」

という声がして、みんなが玄関へ出ていくのが聞こえた。

「さあ、お着きだそうです」

彼女はぼんやりと考えている僕をうながすように言って、玄関へ出ていった。僕もそのあとについていった。

棺（ひつぎ）の前後に父や弟妹らやそのほか四、五人の人たちがついて、いま車から降りたばかりのところだった。

あとで聞くと、さっき僕が車から降りたときにも、やはり「お着き」だと思って大勢出てきたのだが、僕がたった一人で、しかもうろうろしながら「お母さんはどこにいます」なぞと聞くもんだから、こりゃきっと気でも変になったんじゃあるまいかと、みんながそう思ったんだそうだ。

母は卵巣膿腫（のうしゅ）、すなわち俗にいう脹満（ちょうまん）で死んだのだ。

その少し前に、九人目の子どもを流産してからだを悪くしたので、しばらくどこかの温泉へ行っていたのだが、帰ってすぐ手術をすると言って新潟へ出かけたのだそうだ。しかも、「なあに、二週間もすれば、ぴんぴんしたからだになって帰ってきますよ」と言って、大元気で出かけたのだそうだ。

「そんなふうでしたし、それにお母さまは、栄はいま試験前で勉強で忙しいんだから心配さしちゃいけないとおっしゃって、どうしてもあなたのところへお知らせするお許しが出なかったんですよ」

母の死骸が着いた晩、三の町のお嬶といって、むかし僕の家が新発田へ行ったその日から母の髪結いさんとして出入りして、そしてその後髪結いをよしてからもずっと母の一番親しいお相手として出入りしていた女が、お通夜をしながら僕に話しだした。僕が去年の夏、この自叙伝を書く準備に二十年目でそっと新発田へ行ったときにも、僕が最初に訪ねたのはもういい婆さんになっていたこのお嬶だった。

「すると、三、四日もしないうちに、危篤という電報なんでしょう。で、私、お子さん方をみなさんお連れ申してまいったんですけれど、そりゃもうたいへんなお苦しみでしてね。注射でやっと幾時間、幾時間と命をお止め申していたんです。時々、栄はまだかまだかとおっしゃりましてね。そしてあの気丈な方がもう苦しくてたまらないから早く死なしてくれ死なしてくれとおっしゃるんです。それでも、私がもうすぐお兄さまがいらっしゃいますからと言うと、うんうんとお頷きあそばして黙っておしまいなさるんですもの。そりゃ、どんなにかあなたをお待ちあそばしたんですか。幾度も早く死なして死なしてとおっしゃるんですけれど、そのたびに私があなたのことを申しあげると、頷いては黙っておしまいなさるんですもの」

お嬶は一晩じゅう、ほとんどこの話ばかり繰り返して言って聞かしては、自分も泣き、また僕をも泣かした。

「それに、お母さまは、お嬶丈夫になってすぐ帰ってくるからねと大きな声でおっしゃってお出かけなすったんだけれど、実はご自分でも覚悟をしていらっしたんですよ。私、お子さん方をお連れしていくときに、お召物を出しに簞笥をあけてみますと、お母さまのお召物になんだか妙な札が付いているんです。よく見ますと、それがみんな春とか菊とか松枝とかとお嬢さん方のお名前が書いてあるんでしょう。私、腹が立ちましてね。なにもそんな覚悟までして、わざわざ新潟くんだりへ手術なぞしにいらっしゃらなくてもよさそうなものだと思いましてね。私、そのことはお母さまに存分お怨みを申しあげましたわ」

お嬶はまたこんな話もした。そして、母の死は実は医者の過失なので、手術後腹が痛みだしてまた切開してみたら中から糸が出てきて、たいへんな膿みを持っていたなぞとも話した。これは、そこに立ち会った人たちがみんな非常に憤慨して話して、病院へなんとか掛け合わなければならんなぞと言っていたが、父は悲痛な顔をしながら「いや、済んだことはもうしかたがない」と一人あきらめていた。

そんなお通夜が二晩か三晩続いて、大阪にいたお祖母さん(母の母)と僕のすぐ妹の春とが到着するとすぐ、葬式が出た。

ちょうど新発田の町のほとんど端から端までの一番にぎやかな大通りを通って、僕が位牌を持たせられて、宝光寺という旧藩主の菩提寺まで練っていった。新発田にもう十幾年もいて、それに母はそとへ出ると新発田言葉で大きな声で会う人ごとにあいさつして歩くというほどだったので、見送りの人もずいぶん多かった。そしてほとんど通りの町じゅうの人がそとへ出て見送ってくれた。

「あんなご立派なお葬式はまだ見たことがありません」

と言って、三の町のお嬶なぞは今でもまだ、その人並すぐれた小さなからだを揺すりながら、おかめのような顔を皺くちゃにして自慢にしている。

葬式が済んでから、母の棺を六人ばかりの人足にかつがして、僕と弟の伸とが引っついて、五十公野山という僕らがよく遊びに行った小さな山の奥のほうへ火葬に行った。人足どもはその場所まで行くと、まず藁をしいて、その上へ、あたりの松の枝を折ってきては積み重ねて、そしてその上へ棺を乗せてまた松の枝を積み重ねた。そして自分らはそこから二、三間離れたところに蓆をしいて、車座になって、持ってきた大きな徳利だの重箱だのをいくつか並べたてた。こうして朝まで飲みあかしながら、死骸のすっかり骨になってしまうまで待つんだという。

僕はその人足どもの言うままに、一束の藁に火をつけて、その火を棺の一番下にしいてある藁の屑に移した。藁はすぐに燃えあがった。その火はさらに、その上の松の枝や葉に燃え移った。そして僕はその炎々として燃えあがる炎の中に、ふだんのようにやはり肉づきのいい、ただ夏のさなかに幾日もそのまま置いたせいかもうだいぶ紫色がかりながらも、眠ったようにして棺の中に横たわっている母の顔を見た。僕はその棺箱が焼けて、母の顔か手か足かが現れて出たら、たまらないと思った。それでも僕はじっとしてその炎を見つめていた。

人足どもの一人は急いで僕ら兄弟をわきへ連れていって、すぐ帰るようにとすすめた。もう日もだいぶ暮れていたのだ。そして僕はその場所へ行ったらすぐ帰るようにとあらかじめ言いつけられてきたのだ。僕らはその人足に送られて山の麓まで出て、そこから車に乗って帰った。

二

母の死骸がうちへ着いたときに、僕はその棺(ひつぎ)のそばに、礼ちゃんが立っているのを見た。礼ちゃんも二、三日前から新潟の母のところへ行っていたのだ。たしかその晩だったと思うが、夜遅くなってから、お通夜をするというのを無理やりにみんなに帰れ帰れとすすめられてうちへ帰った。そして、高級副官の父のもとにやはり旅団副官をしていたなんとかいう中尉の細君(さいくん)が、これはまだ若いそして連隊じゅうで一番きれいな細君で、僕は前からずいぶん親しくしていたのだったが、そっと僕の肩を突っついて、しかし高い声で、僕に礼ちゃんを送っていくようにとすすめた。ほかの人たちも、それといっしょになって、同じように僕にすすめた。僕は急に胸をどきどきさせながら、ちょっとためらった。礼ちゃんはもじもじしながら、にこにこして、僕が座を立つのを待っているようだった。きれいな細君もやはりにこにこして、僕の顔を見ているようだった。僕はこの二人の若い細君の微笑(ほほえ)みに妙に心をそそられた。

　僕はすぐ提灯(ちょうちん)を持って、礼ちゃんといっしょにうちを出た。そとはまっ暗だった。礼ちゃんと僕とはほとんどからだを接せんばかりに引っついていった。二人がこんなにして歩くのはこれがはじめてだったのだ。僕はもう母が死んだこともなにもかも忘れてしまった。そして提灯のぼんやりしたあかりを二人のまん中の前にさし出して、ますます引っついて歩いていった。二人はなにか声高に話しながら笑い興じていたようだった。

「あら、斎藤さんじゃありませんか」

二人は向こうから軍服を着て勢いよく歩いてくる男にぶつかりそうになって、礼ちゃんはその男の顔を見あげながら叫ぶようにして言った。それは礼ちゃんのうちと同僚の斎藤中尉だったのだ。この中尉は、僕がまだ幼年学校にはいる前、彼がまだ見習い士官だったころから、僕もよく知っていた。が、中尉のほうではちょっと僕らが分らないらしかった。

「君はなんだ」

中尉は礼ちゃんのほうへ食ってかかるようにどなった。

「いや、僕ですよ」

僕は礼ちゃんをかばうようにして一足前へ出て言った。中尉はじっと僕の顔を見つめていたが、

「やあ、君でしたか。これはどうも失礼。僕はまた……いや、これからお宅へ行くところなんです。どうも失礼」

と、多少言葉は和(やわ)らげながらも、まだぷりぷりしたようなようすで行ってしまった。

「まあ、ほんとにいやな斎藤さん。お酒の臭いなぞぷんぷんさして」

礼ちゃんはもうだいぶ行ってしまった後ろを振り返りながらつぶやいた。

「でもきっと、僕らがあんまりふざけてきたもんだから、このあたりのなにかと間違えたのかもしれないね」

僕は少々気がさして言った。僕らが歩いていた西ヶ輪(にしわ)の通りというのは、その裏の小人町(おこひとまち)といっしょに、主として軍人をお得意とする魔窟だったのだ。

「そうね。けれど、それじゃあんまり失礼だわ」

礼ちゃんはまだ多少憤慨しながらも、しかし自分を省みないわけにはいかなかった。

二人はしばらく黙って、しかし相変(あい)わらずほとんど接触せんばかりに引っついて歩いていった。

「ねえ、栄さん、私お嫁に行ってずいぶんつらいのよ」

礼ちゃんはしんみりした調子で口を切った。

「どうして？」

「おしゅうとさんがそりゃひどいのよ。お母さんのほうはまだそうでもないんですが、お父さんがそりゃやむずかしい方でね。ほんとうに箸のあげおろしにもお小言なんだけれど、そんなことはまだなんでもないわ。私がちょっとうちを留守にすると、その間に私のお針箱からなにやかまで引っかきまわしてなにか探すんですもの。私もうそれがなによりもつらいわ」

「へえ、そんなことをするんかね」

僕は驚いて彼女の顔を見た。彼女は黙ってうつむいていた。が、僕にはそれ以上なんと言って話していいのか分らなかった。僕もしかたなしに黙ってしまった。

道は川のそばだの、あまり家のこんでいないところだのでずいぶん寂しかった。それでも二人はまたしばらく黙って、引っつき合って歩いていった。

礼ちゃんはまた口を切って、東京での僕の学校のようすを聞いた。僕は去年の暮れに、この礼ちゃんのためにだけでも偉い人間になってみせるとひそかに決心したことを思い出した。が、そんなことを話そうとも思わず、またよし思ったとしても話しすることはできずに、ただ礼ちゃんの聞くままに受け答えしていた。そしてとうとう礼ちゃんのうちのすぐ近くまで行った。

僕はもう帰ると言いだした。礼ちゃんはぜひちょっと寄っていけと引きとめた。

「僕はいやだ。さっきの斎藤さんのように、また隅田さんに変に思われるかもしれないからね」

僕はそんなことを言うつもりでもなく、ふいと冗談のように言ってしまった。

「あら、いやな栄さん。それじゃいいわ」

礼ちゃんは手をあげて打つまねをしながら、ちょっと僕をにらんだかと思うと、そのままばたばたと駆けだしてうちへはいってしまった。

僕はぼんやりしたようになってうちへ帰った。

翌日、礼ちゃんはまたうちへきた。そしてその後も、毎日、日に一度はきっとやってきた。

母の死骸がうちにあった間は、二人とも顔を見合わしても先夜のことなどはまるで忘れたようにしていたが、そしてまた実際いろんなほかの人たちといっしょに母の死についての嘆きに胸をいっぱいにしていたが、葬式が済んだ翌日からは、二人とも顔さえ合わせれば、もう母の死のことなどは忘れたようになって、そしてまだほんの子どものような気になって、先夜二人で門を出たときと同じように、いっしょに笑い興じたり騒いだりばかりしていた。

例のきれいな細君もほとんど毎日のように見舞いにきた。そして二人のそんなふうなのをそばで黙ってにこにこしながら眺めていて、時々、ほんとうにお二人は仲よさそうね、なぞとからかっていた。お祖母さんは苦々しそうにして、いつも顔をしかめていた。

このきれいな細君は、その後、日露戦争の留守中になにか不都合なことがあったとかで離縁になったというように聞いたが、そしてそれからまもなく一度銀座でたしかにその人らしい顔をちょっと見たのだが、どこにどうしていることか。

しかし、学校の入学試験をすぐ目の前に控えていた僕は、いつまでもそうしていることができなかった。母の葬式が済んでから一週間目ぐらいで、僕はまた上京した。そしてまた、母のことも礼ちゃんのこともきれいな細君のこともなにもかも忘れたようになって、勉強しだした。

三

十月のはじめになって、僕は東京中学校（今はもうないようだ）と順天中学校との五年の試験を受けた。今はどうか知らないが、そのころの東京の私立のへぼ中学校では、ほとんど毎学年毎学期に各級の入学試験をやった。そしてその毎学期の始めに二、三度生徒募集をして、そのたびに試験を受けさしては受験料を儲けるのを例としていた。東京中学校のも順天中学校のも、その最後の第三回目の生徒募集のときだった。

僕はそのどっちかにどうしてもはいらなければならないと思った。が、その試験は二つともほとんど同時におこなわれるのだった。僕はもう自分の学力には自信があった。しかし、万一のときにはと思って、少し早くからはじまる東京中学校のは自分で受けて、順天中学校のは換玉を使うことにきめた。それには、ちょうどいい、下宿の息子の友人で僕もそれを通じて知っていた早稲田中学卒業のなんとかいう男があった。

ところが、僕自身が受けた東京中学校のほうは、僕の大嫌いな用器画が三題ともちっとも分らないで、その日でもう落第となった。換玉のほうはうまくいって、しまいまで通過していって、及第となった。そして僕はそのおかげで順天中学校の五年級にはいった。

しかし僕は、こうして話を年代どおりに進めていく前に、さっきの礼ちゃんのことが少し気にかかるので、というのは、あんな甘いしかも実もなんにもない初恋の話の続きを今後まだあちこちに挟んでいくのは少し気が引けるので、少々年代を飛ばして、今ここで、話しついでにその後のいきさつをもひと思いにみんな話してしまおうと思うのだ。そしてこんどは、礼ちゃんの夫の隅田が死んだときの二人の関係の場面になるのだから、前の話のいい対照になると思う。で、なおさらそれをまず書きたいのだ。

礼ちゃんとはその後、三度会う機会を持った。

最初の一度は、ほとんど一度とも言えないくらいなので、その後四年ばかりして、僕が外国語学校を出て社会主義運動にまったく身を投じようとしたころのことだった。堺君や田川大吉郎君や故山路愛山君などがいっしょになって、すなわち当時の社会主義者や国家社会主義者なぞがいっしょになって、電車の値上げ反対運動をやった。そして日比谷で市民大会というのを開いて、そこで集まった群集の力で電車会社や市会なぞへ押しかけた。その前日だ。僕は堺君の家からあしたの市民大会のビラをかかえて、麹町三丁目あたりからそれを撒き歩きはじめた。そのとき、僕はふと礼ちゃんらしい姿を道の向こう側に認めた。ただそれだけのことなのだ。

が、あとで聞くと、それはほんとうに礼ちゃんだったので、僕がその市民大会のすぐあとで兇徒聚集という恐ろしい罪名で未決監に入れられたときに、礼ちゃんが僕の留守宅に見舞いにきてくれたそうだ。そのころ僕は僕よりも二十歳ばかり上のある女といっしょに下六番町に住んでいたのだ。

そのつぎの二度目は、それからまた二、三年してからのことと思うが、彼女とその夫とを東京衛戍病院に訪ねた。どうして彼女らがそこにいることを知ったのか、また隅田がどんな病気でそこにいたのかも忘れてしまったが、僕がその病室にはいるといきなり礼ちゃんはそとへ飛び出していってしばらく姿を見せなかった。そして隅田はマッサージをやらしていた。

「はあ、奴、知らないお客だと思って逃げ出したんだ」

隅田は笑いながらそう言って、そのマッサージ師に彼女を呼びにやった。

彼女は「まあ」と言って、びっくりしたような顔をしてはいってきた。

そのとき隅田は、前に東京へ出て英語を勉強したいために憲兵になって、憲兵なんとかいう学校にはいっていたが、その後どこかへ転任して、いま病気で東京に帰っているんだというような話をしていた。そして僕が社会主義者になってもう二、三度入獄していることについても、困ったものだがしかし君の性格上しかたがあるまいというようなことを言って、礼ちゃんはそれに「ええ、あんまりできすぎるからだわ」と弁解して付け加えていた。

が、そのときには僕は三十分ばかりで帰って、その後また彼女夫婦がどうなったかはしばらくちっとも知らなかった。

すると、それからまた四、五年して、僕が例の神近〔市子〕や伊藤〔野枝〕との複雑な恋愛関係にはいりはじめたころのこと、最後の三度目に、また突然と礼ちゃんが現れてきた。

ある日僕は、僕がフランス語の講習会をやっていた牛込の芸術倶楽部へ行った。そして僕が借りていた一室のドアをあけると、そこの長椅子に礼ちゃんが一人しょんぼりと腰をかけているので、実にびっくりした。

「隅田はたいへん肺を悪くしましてね、熊本の憲兵隊長をしていたのをよして、今はこちらにきているんです。そして寝たっきりでいるんですが、あなたが前に肺がたいへん悪かったのに今はお丈夫だということを聞きましてね、ぜひあなたにお会いして、あなたの肺のお話を聞きたいっていうんですの。お医者もいろんなことを言ってて ちっとも分りませんし、隅田ももう長い間の病気ですっかり弱りこんでいるんです」

礼ちゃんが、いろいろとくわしく話しているうちに、もうフランス語の時間がきて、生徒も二、三人やってきた。

「え、それじゃ明日お宅へまいります」

と言って、僕は礼ちゃんを入口まで送り出した。

翌日行ってみると、隅田の病気は話で聞いたよりもよほど悪いように見えた。今まで僕が見た、肺で死んだ幾人かの人の、もう末期にいくばくもないときのような、いろんな徴候を持っていた。僕はこりゃもう一月とは持つまいと思った。それでも、僕が悪かったときの容体やそれに対する手当てなどをいろいろと聞かれるので、僕もくわしくいろんな話をして、なに大丈夫ですよなぞと慰めた。が、話しているうちにだんだん咳(せき)がひどくなるので、僕はあんまり長く話ししていてはいけまいと思って、みんながしきりに止めるのも聞かずに、礼ちゃんにだけそっと僕の思ったとおりのことを話して、いいかげんに切り上げて帰った。

その後もおりおり見舞おうとは思ったのだが、僕は伊藤の行っている九十九里の御宿(おんじゅく)へ行ったり来たりしていて、そのひまがちっともなかった。そして、そうこうしているうちに、礼ちゃんから隅田死亡という知らせを受け取った。

さっそく行ってみると、隅田の死骸のそばでは、大勢の男女が集まって、大きな珠数のような綱のようなものをみんなでぐるぐるまわしては、ナムアミダ！　ナムアミダ！　と夢中になってどなっていた。下のほかの室（へや）にも僕の知らない大勢の人がいた。礼ちゃんはすぐ僕を二階へ案内していった。僕は今でもまだそうだが、死んだ人の家へ行ってどうお悔やみを言っていいか知らなかった。で、黙ってただお辞儀をした。

「やっぱりあなたのおっしゃったとおりでしたわ」

礼ちゃんはすっかりやつれて泣き顔をしながらも、それでもいつもの生きいきとしたはっきりした声で話しだした。

「私こんなことを言っちゃいけないんでしょうけれど、隅田のなくなることはもうとうから覚悟していましたし、今じゃ隅田のなくなった悲しみよりも私のこれからのからだのほうがよっぽど心配なんですの」

僕はくる早々意外なことを聞くものだと思った。

「経済上の心配じゃないんです。それはどうとかしてやっていけます。けれど、隅田がなくなって方方から親戚の者が集まってきてから、私、今までまるでいじめられ通しでいるんです。そしてこれからもたぶん一生いじめられ通しでいくんだと思うんです」

僕はますます意外なことを聞くものだと思った。そしてやはり黙ったまま聞いていた。

「隅田の国のほうの人がくるとすぐ、私をつかまえて、おやおまえはまだ髪を切らずにいるんかい、というんでしょう。私、今どきまだそんなことを言う人があるのかと思って、なんとも返事ができなかったくらいですわ。するとこんどは、壁にかけてあるヴァイオリンを見つけて、ああこれはなんとかさんにすぐあげておしまい、後家（ごけ）さんにはもう鳴りものなどいっさい要らないんだから、というんですもの。私、髪なんか切ることはなんとも思いませんわ。また、ヴァイオリンなどもちっとも欲しかありませんわ。けども今そんなにして、みんなの言うようにほんとうの尼さんのようになったところで、それがいつまで辛抱できるかと思うと、自分でも恐ろしくなりますの。私いままで軍人の奥さんで、ことに日露戦争の間に、旦那が戦死してすぐ髪を切った方をたくさん知っていますわ。そしてそれが二、三年か四、五年かしてどうなったかもよく知っていますわ。そのまま立派な未亡人で通した方はまるでないんですもの。そしてほんとうの尼さんのような生活にはいった人ほど、それがひどいんですもの」

僕はただの平凡な軍人の細君（さいくん）と思っていた彼女が、これほどはっきりと、いわゆる未亡人生活を見とおしているのに驚いた。

「それであなたはどうしてもその辛抱ができないというんですか」

僕は彼女がそれについてどこまで決心しているのかを問いただそうと思った。

「いいえ、どこまでも辛抱してみるつもりです。いま私は隅田の郷里に帰って、世間とのいっさいの交際を断って、ただ一人の子どもを育てあげることと、隅田の位牌（いはい）を守っていくこととの、ほんとうの尼さんのような生活をするように、毎日みんなから責められています。しかしそれも辛抱してみるつもりです。どこまでそれで辛抱できるか知りませんが、とにかくできるだけどこまでも辛抱していきます」

「けれどもその辛抱ができなくなる恐れがあるんでしょう。そのときにはどうするつもりなんです」

「え、それが心配なんですの、恐ろしいんですの。けれど、やっぱり、どこまででも辛抱しますわ」

「で、あなたのほうのお父さんやお母さんはどう言っているんです」

「私にはかわいそうだかわいそうだと言っていますが、やはりいったん隅田家へやった以上は、隅田家の言うとおりにしなければならんと言っています」

「あなたがそうまで決心しているんなら、それでもいいでしょう。しかし、できるだけやはり辛抱はしないほうがいいです。辛抱はしても、もうとてもできないと思う以上のことは決して辛抱しちゃいけません。それが堕落の一番悪い原因なんです」

「でも、それでも辛抱しなきゃならんときにはどうしましょう」

「いや、辛抱しなきゃならん理屈はちっともないんです。そんな場合には、もういっさいをなげうって、飛び出すんです。すぐ東京へ逃げていらっしゃい。僕がいる以上は、どんなことがあっても、あなたを勝たしてみせます」

「ええ、ありがとうございます。私、ほんとうにあなたをたった一人の兄さんと思っていますわ。けれど私、どうしても辛抱します。どこまでも辛抱します。ただね、ほんとうに栄さん、私あなたをたった一人の兄さんと思っていますから、どうぞそれだけ忘れないでくださいね」

僕は彼女とほとんど手を握らんばかりにして、また近いうちに会う約束で別れた。

その翌日、隅田の葬式があったのだが、僕は着ていく着物も袴もなんにもなし、また借りるところもないので、わざと遠慮して、そこからあまり遠くない麻布(あざぶ)の神近の家で一日遊んで暮らした。


それから幾日目だったか、ある日、礼ちゃんが麹町の僕の下宿に訪ねてきた。

いよいよ明日とかあさってとか、隅田の郷里に帰るので、牛込のある親戚へ用のあったのを幸いに、ないしょで立ちよったとのことだった。話はやはり、いつかの彼女の家での話を、もう少しくわしくして繰り返したにすぎなかった。が、そうして彼女と話している間に、僕は幾度彼女の手を握ろうとする衝動に駆られたかしれなかった。

しかし、彼女もいつまでそうしていられるわけでもなく、また僕ももう芸術倶楽部へ行く時間がせまっていたので、下宿を出て、いっしょに倶楽部のすぐ近くまで行った。そして無事に、お互いに「ご機嫌よう」と言って別れてしまった。

四

順天中学校というのは、もっともほかにもそんなのがいくつもあったのだろうが、ちょっと妙な学校だった。

僕のはいった五年は三組で二百人か二百五十人かいた。四年は二組で百五十人、三年は百人、二年一年は四、五十人というように、級が下がるにしたがって生徒の数が減っていた。わざわざこんな学校に一年や二年かではいる者はないんだ。そしてたいがいのはすぐと四年か五年かへはいるんだ。

僕らの組には、哲学院(東洋大学の前身)を出た者だの、早稲田を出た者だの、そのほかいろんな専門学校を出た者がいた。そんなのはなにかの必要から、ただ中学校卒業の免状だけをもらいにきたのだ。また、顔を見ただけでも秀才らしいまだ年少の、あるいはぼんやりとした年かさの、独学の人もかなりいた。それからまた、僕たちと同じように、どこかの学校で退学させられた不良連もずいぶんいた。そして僕と同じように、換玉(かえだま)ではいったのもこの不良連の中に多かった。

僕といっしょにこの順天中学校へはいった友人に登坂というのがいた。やはり僕とほとんど同時ごろに、男色で、仙台の幼年学校から追われてきたのだった。

この登坂とは、その年の一月、すなわち僕が東京へ出てくるとすぐ、市ヶ谷の幼年学校の面会室で出会った。そして彼から、新発田での旧友で同時に幼年学校へはいった谷という男ともう一人とが、やはり彼といっしょに退学させられたことを知った。四人はすぐ友だちになった。ほかにもまだ、やはり同時ごろに同じような理由で大阪の幼年学校を退学させられた、島田というのともう一人と、どこかで落ち合って、これもすぐ友だちになった。みんな、名古屋、仙台、大阪と所は違うが、同じ幼年学校の同期生だったのだ。

みんなはその名誉回復のためというので、互いに戒めて勉強を誓った。そしてその年の九月十月にはみんなどこかの中学校の五年にはいった。

その中でも登坂と僕とは、最初に出会った関係からか、またお互いに文学好きで露伴と紅葉との優劣を論じ合ったりしていたせいか、一番近しくなった。ことにいっしょに順天中学へはいるとすぐ、本郷の壱岐坂下に一室を借りてそこにいっしょに住んだ。

二人とも、学校のほうもよく勉強したが、小説もずいぶんよく読んだ。坂上にちょっとした貸本屋があった。そこから借りてくるのだが、しばらくの間にその、貸本屋の本をほとんどみな読んでしまった。

のちには島田もこの下宿に仲間入りした。島田は撃剣がご自慢で、まっ黒な顔をした頑丈なからだの男で、いつも僕らが小説なぞを読むのを苦々しそうにしていた。そこで、登坂と僕とが一策を案じて、そのいやがるのを無理押しつけに、『不如帰』を借りてきて読ました。先生、最初の間はむずかしそうな顔をしてページをめくっていたが、だんだん眉の間の皺をのばしてきた。とうとうしまいにはそのさざえのような握り拳でほろほろと落ちる涙をぬぐいはじめた。「それ見ろ」というので、その後二人は島田の喜びそうなものを選んでは読ましていたが、島田は浪六（なみろく）の『五人男』がすっかりお気に召して、「俺は黒田だ、大杉貴様は倉なんとかだ」というようなことを言って一人で喜んでいた。浪六ものや弦斎（げんさい）ものはとうの昔に卒業して、紅葉、露伴のものまでもう物足りなくなっていた僕らは、島田のそんな話には相手にならなかった。しかし僕は、その「倉なんとかだ」と言われたのが、内心はよほどの不平だった。

「なるほど、僕は倉なんとかのように、一面にはごく謹厳着実にすましている。しかし、それだけほかのもう一面には、黒田のような豪放がひそかに燃えているんだ。貴様なんかのえせ豪放がなんの当てになるもんか」

僕は自分で自分にそう叫んで、「いまに見ろ」と腹の中で一人で力（りき）んでいた。

そのころ、僕よりも一期上でやはり名古屋出身の田中というのが、中央幼年学校から追い出されて、これも僕らの下宿に転がりこんだ。そのほかにも、登坂の仲間のなんとかいうのと、島田の仲間のなんとかいうのと、これも一時僕らの下宿にきたが、この二人は僕らの「謹厳着実」な生活に堪（た）えきれないですぐほかへ出ていってしまった。

また、僕らよりもやはり一期上で、そして僕らよりも一年ほど前に仙台を出た箱田というのが、その年に高等学校へはいって、ちょいちょい僕らの下宿に遊びにきた。僕らよりも一期二期あとの、その後に退校させられた二、三の者も、学校やそのほかのいろんなことについて、僕らのところに相談にきた。

こうして、幼年学校の落武者どもが、ほとんどみな僕らの下宿を中心として集まった。そしてそのつぎの年には、みんな無事に中学校を終えて、僕と島田とは外国語学校に、登坂と田中とは水産講習所に、谷は商船学校に、みなかなりの好成績ではいった。

谷はいま郵船の船長をしているはずだ。田中はどこかの県の技師になっていると聞いた。島田は、もうだいぶ古いころに、どこかの田舎の連隊の将校集会所でドイツ語を教えているという話だった。登坂は一時水産でだいぶ儲けて、山陰道のどこかで土地の芸者を二人ばかりかこっていたというほどの勢いだったそうだが、十年ばかり前に失敗してアメリカへ行った。そして今でもまだ失意の境遇にいるらしい。箱田は朝鮮で検事か判事かをやっている。


僕はまた、壱岐坂上の貸本屋のほかに、神保町(じんぼうちょう)あたりのある貸本屋のお得意にもなっていた。そこには、小説本のほかに、いろんな種類のむずかしい本があった。僕は矢来町(やらいちょう)の下宿にいたときから引き続いて、そこから哲学だの宗教だの社会問題だのの本を借りてきては読んでいた。矢野龍渓(りゅうけい)の『新社会』は矢来町時代に、丘博士の『進化論講話』は壱岐坂時代かあるいはその少しあとかに、幾度も繰り返しては愛読した。

『新社会』は少し早く読みすぎたせいか、その読後の感興というほどのものは今なんにも残っていない。しかし『進化論講話』は実に愉快だった。読んでいる間に、自分の背がだんだん高くなって、四方の眼界がぐんぐん広くなっていくような気がした。今までまるで知らなかった世界が、一ページごとに目の前に開けていくのだ。僕はこの愉快を一人で楽しむことはできなかった。そして友人にはみな、強いるようにして、その一読をすすめた。自然科学に対する僕の興味は、この本ではじめて目覚めさせられた。そして同時にまた、すべてのものは変化するというこの進化論は、まだ僕の心の中に大きな権威として残っていたいろんな社会制度の改変を叫ぶ、社会主義の主張の中へ非常にはいりやすくさせた。

「なんでも変わらないものはないのだ。旧（ふる）いものは倒れて新しいものが起こるのだ。いま威張っているものがなんだ。すぐにそれは墓場の中へ葬られてしまうものじゃないか」

しかし、僕にはまだ、なにかの物足りなさがあった。母が死んで、というようなこともほとんど忘れたようにはしていたが、次意識の中ではよほど寂しかったに違いない。また、礼ちゃんのことはやはり同じように忘れたようにはしていたが、幾年も続けてきた同性のいわゆる恋をまったくすてた僕は、その方面でもよほど寂しかったに違いない。友人といえば、さっき言った幼年学校の落武者連だけだったが、それもただ同じ境遇から互いに励み合ったというほどのことで、ほんとうに打ち解け合った親しい間柄ではなかった。

たぶんそんな餓（う）えをみたすのだったろう。僕はよく飯倉（いいくら）の親戚の家へ出かけた。従兄の山田良之助（よしのすけ）（いま陸軍の少将で憲兵司令官をやっている）の細君（さいくん）の家だ。山田は当時陸軍大学校の学生で、この飯倉の邸内の小さな家に住んでいた。僕はそれらの人のしんみな親しみの中にもひたりたかった。その邸のかなりぜいたくな適位な生活の中にもひたりたかった。そしてまた、そこのいろんなきれいな女の人たちの笑い顔も見たかった。しかし、その人たちはみな、男も女もきれいではあったが、その顔も心も冷たかった。ことに、僕が幼年学校を追い出されてからは、なおさらそうのような気がした。僕よりも二つ三つ年下のなんとかさんという娘なぞは、僕の幼年学校時代にはずいぶんよくいっしょに遊びもしふざけもして、僕は心中ひそかに「僕が任官したら」という望みをすら持っていたんだったが、もうだいぶ娘らしくなってツンとすましていた。

そんな寂しさがきっと主になって、そしてそのほかにもまた、新しい進歩思想を求める要求なぞが手伝って、順天中学校を終える少し前から僕はあちこちの教会へ行きはじめた。そして下宿から一番近い、またそのお説教の一番気に入った、海老名弾正の本郷会堂で踏みとどまった。

海老名弾正の国家主義には気がついたのかつかなかったのか、それともまだ僕の心の中に多分に残っていたいわゆる軍人精神とそれとが合ったのか、それは分らない。とにかく僕は先生の雄弁にすっかり魅せられてしまった。まだ半白だった髪の毛を後ろへかきあげて、長い鬚をしごいては、その手を高くさしあげて、「神は……」と一段声をはりあげるそのいい声に魅せられてしまった。僕はほかの信者らといっしょに、先生が声をしぼって泣くと、やはりいっしょになって泣いた。

先生はよく「洗礼を受けろ」とすすめた。「いや、まだキリスト教のことがよく分らんでもいい。洗礼を受けさえすれば、ただちに分るようになる」とすすめた。僕はかなり長い間それを躊躇していたが、ついに洗礼を受けた。その注がれる水のよく浸みこむようにと思って、わざわざ頭を一厘がりにして行って、コップの水を受けた。

このキリスト教は、僕を「謹厳着実」な一面に進めるのに、だいぶ力があったようだ。しかしそれも長くは続かなかった。

五

僕は外国語学校の入学試験に及第するとすぐ、父のいた福島へ行った。父はその少し前に、部下の副官のなにかのふしだらの責を負うて、旅団副官から福島連隊区の副官に左遷されたのだった。

その後父の兄から聞いた話ではあるが、そのころ父は師団長とけんかしていたのだそうだ。旅団長の比志島義輝が師団長のだれとかと仲が悪くて、というよりもむしろその師団長に憎まれていて、副官たる父はいつも旅団長を擁護する地位に立たなければならなかった。比志島は以前にも借金のために休職になったのだが、日清戦争で復活して、また以前のように盛んに借金していた。そして父は、表向きの副官であるよりも、より以上に比志島家の財産整理のために忙しかった。旅団長はまた幾度も休職になりかかった。父はそのたびに仙台へ行って、旅団長のために弁解して、師団長と激論した。そんなことから、旅団長の出す進級名簿の中からは、いつも師団長の手で父の名が削られた。そしてついに比志島は休職となって、そのあとへ師団長のそばにいたなんとかいう参謀長がやってきた。その結果が父の左遷となったのだそうだ。

さらにその後、これは父がだれかに話しているのを聞いたのだが、比志島は日露戦争でまた復活して、戦地から一万円二万円というような金を幾度もその債権者のもとに送って、帰るころには借金を全部済ましたうえに、かなりの財産までもつくっていたそうだ。

父は連隊区司令部のすぐそばの、僕らがまだ住んだこともないほどの、小さな汚い家にいた。そして女中も置かずに、僕のすぐの妹に学校をよさして、大勢の弟妹らの世話やそのほかのいっさいをやらしていた。

が、僕の驚いたのは、それよりも父のはなはだしい変わりかたであった。年はまだ四十三、四だったのだろうが、急にふけて、もうたしかに五十をいくつもこえた老人のようになっていた。そして以前には、うちのことはいっさいを母に任して金のことなぞはつい一言も言ったのを聞いたことがなかったのに、妙にけちんぼな拝金宗になっていた。

もっとも、以前からごく質素で、自分で自分のこづかい銭を持っていたこともなく、またおそらく金の使い道も知らなかったほどなので、その本来のけちんぼうが少しもそとに現れなかったのかもしれない。が、母が死んで、自分でうちの細かい会計までやってみるとなると、これが急に目立ってきたのかもしれない。

とにかく父は、月給や、勲章の年金だけではとてもやっていけない、と言っていた。そして、どうして母が今よりずっとはでな生活をしていて、それで毎月いくらかずつ残していったのかと不思議がっていた。父はそんな心配や、母のない大勢の子どもらのための心配なぞで、急に年がふけたのだ。急に金のありがたみを感じだしたのだ。

それに、父の兄の話をほんとうだとすると、父はもう軍人生活に見切りをつけて、実業界へでも較がえするつもりでいるらしかった。毎朝新聞を見るのにでも、きっと相場欄に目を通していた。そして僕にもそれを読むようにすすめて、その読みかたなどをいろいろと講釈までしてくれた。僕はいつのまに父がそんなことを知ったのだろうと怪しんだ。が、この実業熱も新聞の相場欄に対する熱心も、実はその先生があったのだった。ある日、連隊区司令官のなんとかいう中佐か大佐のうちへ遊びに行ったが、僕はその司令官から父の講釈そのままの講釈をまた聞かされた。

僕は父が急にふけて見すぼらしくなったのは傷ましかったが、しかしその心の変化には少しも同情ができなかった。むしろ父を賤しみさえした。そして父の先生がその司令官であったのを見て、軍人がみなそんなさもしい心になったのじゃないかと憤慨しかつさげすんだ。

したがって、しばらくめの僕の帰省もたいして愉快ではなかった。そして一カ月ばかりして東京に帰った。

外国語学校にはいってみてすぐがっかりした。幼年学校で二年半やって、さらにその後もつい数カ月前までフランス語学校の夜学で勉強しつづけて、もう自分で分らんなりにもなにかの本を読んでいたフランス語も、またアベセの最初からはじめるのだ。

もっとも一カ月ばかりしてから、仏人教師のジャクレエの心配で、卒業のときには本科卒業として出すという約束で全科目選修の選科生として、二年へ進級したが、その二年ももとよりたいしたことではなかった。そしてこの二年へ行って気がついたのだが、先生のまるで無茶なのに驚かされた。フランスに十年とか十五年とかいたという先生が、二年生のできのいい者よりももっとできないんだ。そして本いっぱいに鉛筆でなにか書きつけてきて、それを拾い読みしながら講義して、それ以外のことにはほとんど何ひとつ生徒の質問に答えることができないんだ。そしてできる二人ばかりの先生は、怠け者でずいぶんよく休みもし、また出てきてもほんのお義理にいいかげんに教えていた。そしてその大勢の先生の教えるものの間に、ほとんどなんの連絡もないんだ。

ただ一人、ジャクレエ先生だけが、実に熱心に、一人でなにもかも毎日二時間ずつ教えた。僕はこの先生の時間だけ出ればそれで十分であった。そしてそれ以外の先生の時間はできるだけ休むことにきめた。

ちょうどそのころだ。日露の間の戦雲がだんだんに急を告げてきた。愛国の狂熱が全国にみなぎった。そしてただ一人冷静な非戦的態度をとっていた万朝報までが急にその態度を変えだした。幸徳と堺と内村鑑三との三人が、悲痛な「退社の辞」をかかげて万朝報を去った。

そして幸徳と堺とは、別に週刊『平民新聞』を創刊して、社会主義と非戦論とを標榜して立った。これまで僕は、それらの人とは、ただ新聞上の議論と、ときに本郷の中央会堂で開かれた演説会での雄弁とに接しただけで、直接にはまだ会ったことがなかった。しかしこの旗上げには、どうしても一兵卒として参加したいと思った。幸徳の『社会主義神髄』はもう十分に僕の頭を熱しさせていたのだ。

雪の降るある寒い晩、僕ははじめて数寄屋橋の平民社を訪れた。毎週社で開かれていた社会主義研究会の例会日であった。

玄関をはいったすぐ左の六畳か八畳の室には、まだ三、四人の、しかも内輪の人らしい人しかいなかった。そしてその中の年とった一人と若い一人とがしきりになにか議論していた。僕は黙って、そこから少し離れて、壁を背にして座った。議論は宗教問題らしかった。年とったほうはあぐらをかいて、片肘を膝に立てて顎をなでながら、しきりに相手の青年を冷やかしながら無神論らしい口吻をもらしていた。青年のほうはきちんと座って、両手を膝に置いて肩を怒らしながら、まっ赤になって途方もないようなオーソドクスの議論に、文字どおりに泡を飛ばしていた。そしてその間に、ちょいちょいと、もう一人の年とったのが、それが堺であることははじめから知っていた、さきの男ほど突っこんでではないがやはりその青年を相手に口を入れていた。

僕はその青年の口をついて出る雄弁には驚いたが、しかしまたその議論のあまりなオーソドクスさにも驚いた。僕も彼とは同じクリスチャンだった。が、僕は全然奇蹟を信じないのに反して、彼はほとんどそれをバイブルの文句どおりに信じていた。僕は自分の中にあるものと信じていたのに反して、彼は万物の上にあってそれを支配するものと信じていた。僕はこんな男がどうして社会主義にきたんだろうとさえ思った。そして無神論者らしい年とった男の冷笑のほうにむしろ同感した。

この年とった男というのは久津見蕨村（くつみけっそん）で、青年というのは山口孤剣だった。

やがて二十名ばかりの人が集まった。そしてたぶん堺だったろうと思うが、「きょうは雪も降るし、だいぶ新顔が多いようだから、講演はよして、一つしんみりとみんなの身の上話やどうして社会主義にはいったかというようなことをお互いに話ししよう」と言いだした。みんなが順々に立ってなにか話した。ある男は、「私は資本家の子で、日清戦争のとき、大倉が缶詰の中へ石を入れたということが評判になっているが、あれは実は私のところの缶詰なんです。もっともそれは私のところでやったのではなくて、大倉のほうで、ある策略からやったらしいんではあるが」と言った。

「それじゃ、やはり大倉の缶詰じゃないか。どうもそりゃ、君のところでやったというよりは大倉がやったというほうがおもしろいから、やはり大倉のほうにしておこうじゃないか」

こう言ったのもやはり堺だったろうと思うが、みんなも「そうだ、そうだ大倉のほうがいい」と賛成して大笑いになった。その資本家の子というのは、今の金鵄（きんし）ミルクの主人逸見なんとかいうのだった。

もうほとんど最後近いころに僕の番がきて、僕も、「軍人の家に生まれ、軍人の間に育ち、軍人の学校に教えられて、軍人生活の虚偽と愚劣とを最も深く感じているところから、この社会主義のために一生を捧げたい」というようなことを言った。

そして最後に堺が立って、「ここには資本家の子があり、軍人の子があり、なんとかがあり、なんとかがあり、実にわれわれの思想はいまや天下のあらゆる方面にまで広がっている。われわれの運動は天下の大運動になろうとしている。われわれの理想する社会のくるのも決して遠いことではない」

という激励の演説があった。

僕はそう言われてみると、ほんとうにそんなような気がして、非常にいい気持になって下宿へ帰った。その日幸徳がそこにいたかどうかはよく覚えていない。

それ以来僕は毎週の研究会にはかならず欠かさずに出た。そしてそれ以外の日にもよく遊びに行ったが、ことに下宿を登坂や田中のいた月島に移してからは、ほとんど毎日学校の往復に寄って、雑誌の帯封を書く手伝いなどして一日遊んでいた。

六

平民社は幸徳と堺と西川光二郎と石川三四郎との四人で、石川を除くほかはみな大の宗教嫌いだった。でも、そとから社を後援していた安部磯雄や木下尚江(なおえ)は石川とともに熱心なクリスチャンだった。そしてそこに集まってきた青年の大半がやはりクリスチャンだった。当時の思想界では、キリスト教が一番進歩思想だったのだ。少なくとも忠君愛国の支配的思想にそむく最も多くの分子を含んでいたのだ。

幸徳や堺らはかなり辛辣に宗教家を攻撃もし、また冷笑もした。そして研究会ではよく宗教の問題が持ちあがった。しかし幸徳や堺らは、宗教は個人の私事だと、これにドイツ社会民主党のなんかの決議を守って、同志の宗教にはあえて干渉しなかった。

石川は本郷会堂での僕の先輩だった。が、そのころにはもう教会というものにあいそをつかし、ほとんど教会に行くこともなかったらしい。

僕も平民社へ出入りするようになってからは、みんなの感化で、まず宗教家というものに、つぎには宗教そのものに、だんだん疑いを持ちはじめた。そして日露の開戦が僕と宗教とをきれいに縁を切ってくれた。

僕は、海老名弾正が僕らに教えたように、宗教が国境を超越するコスモポリタニズムであり、地上のいっさいの権威を無視するリベルタリアニズムだと信じていた。そして当時思想界で流行しだしたトルストイの宗教論は、ますます僕らにこの信念を抱かせた。そしてまた僕は、海老名弾正の『基督伝』やなんとかいう仏教の博士の『釈迦牟尼』の、キリスト教および仏教の起源のところを読んで、やはりトルストイの言うように、原始宗教すなわちほんとうの宗教は貧富の懸隔からくる社会的不安から脱け出ようとする一種の共産主義運動だと思っていた。

しかるに、戦争に対する宗教家の態度、ことに僕が信じていた海老名弾正の態度は、ことごとく僕のこの信仰を裏切った。海老名弾正の国家主義的、大和魂的キリスト教が、僕の目にはっきりと映ってきた。戦勝祈禱会をやる。軍歌のような讃美歌を歌わせる。忠君愛国のお説教をする。「われは平和をもたらさんがために来れるに非ず」というようなキリストの言葉をとんでもないところへ引き合いに出す。

僕はあきれ返ってしまった。そうして海老名弾正だの、当時よくトルストイものを翻訳していた加藤直士だのと数回議論をしたあとで、すっかり教会を見限ってしまった。そして同時にまたうっかりはいりかけた「右の頬を打たれたら左の頬を出せ」という宗教の本質の無抵抗主義にも疑いを持って、階級闘争の純然たる社会主義にはいることができた。

戦争がはじまるとすぐ、父は後備混成第何旅団の大隊長となって、旅順へ行った。

僕は父の軍隊を上野停車場で迎えた。そして一晩駅前の父の宿に泊まった。

僕は父が馬上でその一軍を指揮する、こんなに壮烈な姿ははじめて見た。ちょっと涙ぐましいような気持にもなった。しかしなんだか僕には、父のその姿が馬鹿（ばか）らしくもあった。「なんのために、戦争に勇んで行くのか」と思うと、父のために悲しむというよりもむしろ馬鹿ばかしかったのだ。

宿にはいってからも、父やその部下の老将校らはみな会う人ごとに「これが最後のお勤めだ」と言って、ただもう喜び勇んでいた。僕はまたそれがますます馬鹿ばかしかった。

父は僕にただ「勉強しろ」と言っただけで、別に話ししたいようすもなく、ただそばに置いて顔を見ていればいいというようなふうだった。

お化けを見た話

自叙伝の一節

一

僕が九つか十のとき、ある日猫を殺して、夜中にふいと立ちあがって、ニャアと猫の泣くような声を出して母を驚かしたことは、前に話した。また、十一か十二のとき、隣りの家に毎晩お化けが出て、それがひと晩僕の家にも出たそうだということも、前に話した。

が、こんどは僕自身が、しかも最近になって、お化けを見た話だ。現にまだ生きてはいるが、しかしたしかに怨霊であるだろう女の姿を、真夜中に、半年も続けて見た話だ。

種子を割ってしまえばなんでもないことであるだろうが、それはほかでもない、神近〔市子〕の怨霊だ。葉山の日蔭の茶屋の一番奥の二階で、夜の三時ごろ、眠っている僕の咽喉を刺して、今にもその室を出ていこうとする彼女が、僕に呼びとめられて、ちょっと立ちどまって振り返ってみた、その瞬間の彼女の姿だ。その姿が、その後ほぼ半年もの間、伊藤〔野枝〕といっしょに寝ている僕の足もとの壁に、ちょうどその時刻にはっきりと現れてくるのだ。毎晩ではない、が時々、夜ふと目がさめる。すると、その目は同時にもう前の壁のほうに釘づけにされていて、そこには彼女のその姿が立っているのだ。ひと晩の間にこんなにもやつれたかと思われる、その死人のように蒼ざめた顔色の上に、ふだんでも際立って見える顔の筋が、ことさらにひどく際立って見えた。そして、びっくりしたように見ひらいたその目には、恐怖と、憐れみを乞う心とが、いっぱいにみちていた。

「許してください」

彼女は振り返って、僕が半分からだを起こしているのを見て、泣きだしそうに叫びながら逃げだした。

「待て」

と、その前に僕は彼女を呼んだのだ。そして立ちあがって彼女を押さえようとしたのだ。

が、そんな前後のことはいっさい断ち切られて、ただ彼女が振り返ってみたその瞬間の彼女の姿だけが現れてくるのだ。

僕は、それが夢か現なのかよく分らないことが、よくあった。が、たしかにそれが夢でないと思われたことも、幾度もあった。そして、そのいずれの場合にも、僕が自分に気のついたときには、おびえたように慄えあがって、いっしょに寝ている伊藤にしっかりとしがみついているのだった。が、それもまたほんの一時のことで、僕はまたさらにほんとうの自分に帰って、手をのばして枕もとの時計を見た。時計はいつもきまって三時だった。

「また出たの？」

「うん」

と、伊藤はそれを知っていることもあった。が、ぶるぶる慄えたからだにしがみつかれながら、なんにも知らずに眠っていることもあった。そして、よしそれを知っていても、僕のおびえが彼女にまでも移ることは決してなかった。彼女はいつも、

「ほんとにあなたは馬鹿ね」

と、笑って、大きなからだの僕の頭を子どものようになでていた。

実際僕は、このお化けのときばかりではない、なにか恐い夢を見ると、きっと同じようにおびえる

のだった。そしてその慄えが、どうかすると、目をさましてからもまだしばらくの間続くことがあった。

「ほんとにあなたは馬鹿ね」

と、そんなときにもよく、僕は彼女に笑われた。僕はきっと心は非常に臆病者なのだ。それとも、僕の心の中には、無知な野蛮人の恐怖が、まだ多分に残っているのだ。

が、そんなにして、話を野蛮人のところまで引きもどす必要はない。僕は今ここで、僕が女の怨霊を見るにいたった僕の心理の、科学的説明を試みようとしているのではないのだから。しかし、単にこの怨霊を見たという事実の話をするだけにしても、話はだいぶその以前に遡らなければならない。少なくとも、どうしてその女が僕を刺すにいたったかの、彼女と僕との関係の過去に遡らなければならない。

(僕は今、さきに数回本誌『改造』に連載した自叙伝の続きとして、そのあとを数回飛ばしてこの一節を書きつつあるのであるが、その飛ばした数回、ことにこの一節の前回については、なにをどう書こうかという腹案がまだちっともできていないのだ。ただ、しばらく怠けていたあとの筆ならしに、すぐ書けそうに思われたこの題目を選んで書き出してみただけのことなのだ。したがって、ここまで書いてきて、さてどこまで遡って話したらよかろうかとなると、まるで見当がつかない。しかたがない、やむを得ずんばそもそもの始めからでも書こうかということにまあきめたのだが、それにしても話の順序としてはだいぶ困ることが多いようだ。が、とにかくまあ書いていこう。)

二

そのよほど以前から、僕は日蔭のその室を僕の仕事部屋にしていた。文債がたまると、というよりもむしろそれをいい口実にして、よく一週間か二週間そこへ出かけていっては遊んでいた。実は、今はもうその名も忘れてしまったが、よく僕の面倒を見てくれた女中も一人いたのだ。

その女中は、もう一年ほど前に、嫁に行っていなかった。が、お寺か田舎の旧家の座敷のような、広い十畳に、幅一間(いっけん)ほどの古風な大きな障子の立っている、山のすぐ下のその室(へや)一つだけでも、まだ僕を引きつけるには十分だった。

長い間いろいろと苦心していた雑誌の保証金が、ようやく手にはいった。その金がどうして手にはいり、またそれまでそれを得るためにどんなに苦しんだかについては、またあとで話しする機会があろうと思うが、とにかく当時の僕には、新しい小さな雑誌を一つはじめるということが、ほとんど唯一の当面の問題だった。二カ年間続いてきた『近代思想』をみずから廃刊して、新たに月刊『平民新聞』を起こし、それがほとんど半カ年間発売禁止を重ねて、さらにまたもとの『近代思想』に帰り、そしてそれがまた発売禁止の連続を食って倒れてから、僕らはもう半年あまり僕らの運動の機関を持たなかった。当時では、この機関がないということは、同時にまたほとんど運動がないというのと同じことだったのだ。僕は僕の恋愛問題がこのことに少なからざる責任のあることを感じていた。

しかし、いよいよ雑誌をはじめるのには、もう少し金が要る。それに、その前に、古い文債もひとまず始末しておかなければならない。となって、単行本の翻訳を一つと雑誌の原稿を二つかかえて、一カ月ばかりの計画でいつものとおり葉山へ出かけることになった。

一時はずいぶんこの雑誌の創刊に熱中していた神近も、そのころでは、もうだいぶその熱がさめていた。僕が彼女にばかりではなく、なお伊藤にもいろいろと雑誌の相談をしかけて、伊藤がその保証金の奔走をしたりするようになってからは、彼女はむしろ僕らの計画に対して多少の反感をすら持っているようだった。そして、自分は別に宮島（資夫）の細君の麗子君といっしょに、なにかやろうかなどとも言っていた。しかし、それも麗子君にはあまりよく賛成されず、またひそかに頼みにしていた青山菊栄君（今の山川夫人）からは態よくことわられて、彼女はなかばそれを断念するとともに、そのくやしさのあまりを僕らの計画の上に反感として向けもしたようだ。そしてそのうえに彼女は、僕らの計画の上に、また僕や伊藤の上に、どうしてそんな金ができるものかという侮蔑や冷笑も持っていた。

実際僕らはずいぶん困っていた。そして僕や伊藤が困りきっているときには、いつも神近が助けにきてくれていた。そんな場合の十円か二十円の金すらも工夫のできない僕や伊藤に、数百円というまとまった金のできるはずのないことを思うのも、彼女としては当然のことであった。そして、今から思えばこうも邪推されるのであるが、彼女はそれを知りぬいていて、郷里まで金策に行くという伊藤に二度までも旅費を貸したのであった。

僕は神近に、雑誌の保証金が、それがどうしてできたかということは言わずに、ただできたというだけのことを話した。そして当分葉山へ行くということを話した。

「葉山へは一人で？」

保証金のほうのことは彼女にはたいして興味がないようだった。が、彼女には、この「一人で」かどうかがよほど気になるらしかった。

「もちろん一人だ。みんなから逃げて、たった一人になって仕事をするんだ」

彼女はこの「たった一人に」ということにしきりに賛成した。そして、ゆっくりと、うんと仕事をしてくるようにとしきりにすすめた。

当時僕は、女房の保子を四谷の家に一人置いて、最初は番町のある下宿屋の二階に、そしてそこを下宿料の不払いで追い出されてからは、本郷菊坂の菊富士ホテルというやはり下宿屋に、伊藤と二人でいた。二人とも、二人いっしょにいることは、決して本意ではなかったのだ。二人とも、同じように家をすてて出て、一人っきりになることを渇望していた。だが僕は、女房とまだ縁が切れずにいるうえに、神近や伊藤との関係があった。伊藤は、家とともにその亭主〔辻潤〕とも縁は切れているが、新たに僕との関係があった。そして、こうしたやっかいな関係のうえからのみでも、二人はいっしょにいるうるさい生活に堪えられなかったのだ。

伊藤は最初からそのつもりで、家を出るとすぐ、赤ん坊をかかえて下総の御宿へ行った。そこは、かつて彼女の友人の平塚らいてうが行っていて、彼女には話なじみのところだったのだ。彼女は当分そこで、ほんとうの一人きりになって、勉強する覚悟だった。

僕は伊藤のこの覚悟さえ続いたら、すなわちいろんな事情がそれを続けることを許しさえしたら、僕らの三角関係というか四角関係というか、とにかくあの複雑な関係がもっと永続して、そしてあんなみじめな醜い結果には終わらなかったろうと、今でもまだ思っている。が、その覚悟をこわしたのはなによりもまず経済問題だった。そして、どんなことがどこへどう祟っていくか分らない一例証として、ちょいとその話をしてみよう。

伊藤はその以前と同じように、やはり原稿生活をしていくつもりだった。そして第一にまず、その家出のことを書いて、それを当時彼女が続きものを書いていた大阪毎日に売る予定だった。彼女はそれを大毎の菊池幽芳氏に交渉した。幽芳氏は彼女のそのものにかなり大きな期待をもって、激励と同時に承諾の返事をよこした。それで、伊藤は落ちついて、御宿のある宿屋に腰をすえることになった。

ところが、その原稿が、幽芳氏の非常な称讃の辞が付いて、送り返されてきたのだ。そのとき、ちょうど僕は御宿へ遊びに行っていた。というよりも、彼女や僕が持っていったわずかの金も費いはたして、彼女は宿料の支払いをせまられる、僕は帰る旅費もなしというような始末になって、二人でもう三日も四日も大毎からの送金を待っていたのだった。二人は、それがだめとわかると、あちこち、金を貸してくれそうなところへ手紙や電報を出した。が、それはまるで返事がなかったり、来てもいい返事は一つもなかった。

その間に僕は、神近もその生徒の一人だった、フランス語の講義の日を欠かした。そして宮島が、その子どもの誕生日の祝いとして、その三人の先輩の宮田脩氏と生田長江氏と僕とを招いた、そのご馳走をも欠かした。このご馳走には神近も連なるはずだった。神近や宮島には、僕ら二人が御宿でどんなに困っているかは分らなかった。神近はそれをいろんな意味で怨んだ。そして、ことに酒でも飲めば、非常に人と同感しやすい宮島は、僕がその招待を欠いたことによってその人一倍強い自尊心を傷つけられたうえに、ますます神近に同情した。僕は神近への宮島の同情がこれによってはじまったなぞとは決して言わない。しかし、神近と宮島とが、同じ一つのことについて、僕ら二人に対する怨みというか憎しみというかを合致させたのは、ほぼこのあたりからじゃなかろうかと思う。

そして、もう百方策尽きているところへ、神近から金を送ろうかと言ってきた。

「あなたが困るのは私が困るも同じことだ。野枝さんが困って、そのためにあなたが困れば、私もまたやはりそのために困るのだ。だから、だれのため彼のためということはいっさい言わずに、お送りしましょう」

神近がこう言ってくる腹の中には、僕に早く帰ってほしいという一念があることは明らかなのであるが、しかし彼女には、こういった寛大な姉さんらしい気持が多分にあったことも同じように明らかだった。そして僕は今はこの寛大にたよるほかに道はなかった。

神近からはなんでも二十円ばかり送ってきた。そして僕は、宿屋のほうの多少の払いをして、僕一人急いで東京に帰った。神近から少しでもまとまった金を借りたのはこれがはじめてなのだ。

伊藤はとうとう困りぬいて、子どもを近村の者に預けて、僕の下宿に転がりこんできた。そして二人は、もう四、五カ月の間、ますます困窮しつつ、いっしょにぐずぐずしていた。が、いよいよこんどの僕の葉山行きを期として、二人の別居を実行することにきめたのだった。

神近は僕らのこの別居の計画を非常に喜んだ。しかし彼女にはまだ、その葉山では、僕と伊藤とがいっしょにいるのではあるまいかと疑われたのだ。

「いつ立つ? 二、三日中! それじゃ、たった一つ、こういうことを約束してくれない? あなたが出かけるとき、私を誘うこと。そして一日、葉山でいっしょに遊ぶこと」

ようやく疑いの晴れた彼女の願いはなんでもないことだった。が、そのころの僕の気持では、彼女が事ごとにひっこく追求したり要求したりすることが、だいぶうるさくなっていた。そして、こんななんでもない願いでも、そのあとに、「ね、あなた、いいでしょう、いいでしょう」という、その「いいでしょう、いいでしょう」がうるさくてたまらなかった。が、それを拒絶すれば事がますますうるさくなるのだし、しかたがないから、ただ「うん、うん」とばかりいいかげんな返事をしておいた。

三

「私、平塚さんのところまで行きたいわ」

いよいよ出かける日の前日になって、ふいと伊藤が言いだした。らいてうは、そのころ、奥村〔博史〕君といっしょに茅ヶ崎にいた。

伊藤はその家を出るときすでにあらゆる友人からすてられる覚悟でいた。しかし、長年の友情を自分からすてることもできなかったものと見えて、その家を出た日に野上弥生子君を訪い、そしてらいてうにはハガキを出した。が、その後この二人の友人が悪罵にひとしい批評を彼女の行為の上に加えているのを見て、彼女もまったくその友情をすてていたようだった。けれどもまた、長い間の親しい友人にそむくということは寂しい。彼女はよく彼女らとの古い友情をなつかしんでいた。

「よかろう。それじゃ茅ヶ崎までいっしょに行って、葉山に一晩泊まって帰るか」

僕は彼女の心の中を推しはかって言った。しかし、らいてうの家では、僕らは昼飯をご馳走になって二、三時間話していたが、お互いに腹の中で思っている問題にはちっともふれずに終わった。

「いいわ、もうまったく他人だわ。私もう、友だちにだって理解してもらおうなどと思わないから」

彼女はその家を出て松原にさしかかると、僕の手をしっかりと握りながら言った。彼女はその友人に求めていたものをついに見いだすことができなかったのだ。

葉山に泊まった翌朝は、もう秋もだいぶ進んでいるのに、ぽかぽかと暖かい、小春日和となったようないい日だった。

「きょう一日遊んでいかない？」

僕は朝飯が済むと彼女に言った。

「ええ、だけど、お仕事の邪魔になるでしょう」

もう帰る仕度までしていた彼女はちょっと意外らしく言った。

「なあに、こんないい天気じゃ、とても仕事なぞできないね。それより、大崩れのほうへでも遊びに行ってみようよ」

「ほんとにそうなさいましな。せっかくいらっしったんですもの。こんなにすぐお帰りじゃつまりませんわ」

年増の女中のおげんさんまでも、そばからしきりと彼女にすすめた。

大崩れまで、自動車で行って、そこから秋谷あたりまで、半里ほどの海岸通りをぶらぶらと歩いた。そのあたりは遠く海中にまで岩が突き出て、その向こうには鎌倉から片瀬までの海岸や江の島などを控えていて、葉山から三崎へ行く街道の中でも一番景色のいいところだった。それに、もう遅すぎるセルでもちょっと汗ばむほどの、気持のいいぽかぽかする暖かさだった。僕ら二人は実際、溶けるような気持になって、その間をぶらぶらと行った。

正午にはいったん宿に帰って、こんどはおげんさんを誘って、すぐ前の大きな池のような静かな海の中で舟遊びをした。そしていいかげん疲れて、帰って湯にはいって、夕飯を待っていた。

そこへおげんさんがあわててはいってきて、女のお客様だと知らせた。そして僕が立っていこうとすると、おげんさんの後にはもう、神近が寂しそうな微笑をたたえて立っていた。

伊藤はまだ両肌脱いだまま鏡台の前に座って、髪を結いなおすかどうかしていた。神近の鋭い目がまずそのほうをさした。

「二、三日中っておっしゃったものだから、私毎日待っていたんだけれど、ちっともいらっしゃらないものだから、きょうホテルまで行ってみたの。するとお留守で、こちらだというんでしょう。で、私、その足ですぐこちらへきたの。野枝さんがごいっしょだとはちっとも思わなかったものですから……」

神近は愚痴のようにしかしまた言いわけのように言った。

「寄ろうと思ったんだけれど、ちょっと都合が悪かったものだから……」

と僕も苦しい弁解をするほかはなかった。

あしたは帰るんだからというので、伊藤と僕とは、いろいろうまそうな好きなご馳走を注文してあった。僕はおげんさんにそれをもう一人前ふやすように言った。それから食事の出るまでの三十分間がほどは、ほとんど三人とも無言の行(ぎょう)でいた。僕にはなんとなくいよいよもうおしまいだなという予感がした。

その年の春、二度目の『近代思想』をよすと同時に、僕は一種の自暴自棄におちいっていた。さきに僕は知識階級の間に宣伝することのほとんどむだなことを悟って、哲学や科学や文学の仮面の下に自由思想を論じた最初の『近代思想』は、要するに知識的手淫にすぎないものと断じた。そして二年間もいつくしんできてようやく世間から認められだしたそれをよして、僕らの本来に帰るんだと言って、別に労働者相手の『平民新聞』をはじめた。それが前にも言ったように、半年間発売禁止を続けてついに倒れ、さらに半年間の準備によって再び起こされた『近代思想』も同じ運命の下に倒されてしまった。僕らはもう、ちょっと手の出しようがなかった。それでも、もし僕ら同志の結束でも堅いのであったら、またなんとか方法もあったのだったろう。が、ごく少数しかいない同志の間にもこれがうまくいかなかった。同志の間にはまだ運動に対するほんとうの熱がなかったのだ。

「僕らはまるで暖簾(のれん)と腕押しをしているのだな」

当時ほとんど一人のようになっていた荒畑寒村と僕とが、よく慨き合った言葉だった。

かくして、もうなにもかも失ったような僕が、そのときに恋を見いだしたのだ。恋と同時に、その熱情に燃えた同志を見いだしたのだ。そして僕はこの新しい熱情を得ようとして、ほとんどいっさいをすててこの恋の中に突入していった。

その恋の対象がこの神近と伊藤とだったのだ。が、その恋ももう堕落した。僕ら三人の間には、友人または同志としての関係よりも、異性または同性としての関係のほうが勝ってきた。そしてその関係がへたな習俗的なものになりかかっていた。

例のおげんさんによって夕飯が運ばれた。そしてこのおげんさんの寂しい顔が、みんなの気まずい引き立たない顔の中にまじった。好きなそしてうまそうな料理ばかり注文したのだが、僕も伊藤もあまり進まなかった。神近もちょっと箸をつけただけでよした。

伊藤は箸を置くとすぐ、室の隅っこへ行ってなんかしていたがいきなり立ちあがってきて、

「私、帰りますわ」

と、二人の前にあいさつをした。

「うん、そうか」

と、僕はそれを止めることができなかった。神近もただ一言、

「そう」

と言ったきりだった。

そして伊藤はたった一人で、おげんさんに送られて出ていった。

二人きりになると、神近はまた、前よりももっと、愚痴らしくそしてまた言いわけらしく、来たと

きに言った言葉を繰り返した。僕も不機嫌にやはり前に言った言葉をただ繰り返した。そして僕は引き返してきたおげんさんにすぐ寝床をしくようにと命じた。

朝、秋谷で汗をかいたり風に吹かれたりしたせいか、そしてそのうえに湯にはいったせいか、少し風邪気味で熱を感じたのだ。肺をわずらっていた僕には、感冒はほとんど年じゅうの付きものであり、そしてまた大禁物だった。が、ちょっとでも風邪をひくと、僕はすぐ寝床につくのを習慣としていた。が、そのときには、それよりもむしろ、神近と相対して座っていて、なにか話ししなければならないのが、なによりも苦痛だった。彼女がこの室にはいってきて、伊藤の湯あがり姿に鋭い一瞥を加えて以来、僕は彼女の顔を見るのもいやになっていたのだ。

彼女は疲れたからと言ってすぐ寝床にはいった。僕は少し眠ったようだった。

夜十時ごろになって、もうとうに東京へ帰ったろうと思っていた伊藤から、電話がかかってきた。ホテルの室の鍵を忘れたから、逗子の停車場までそれを持ってきてくれというのだ。僕は着物の上にどてらを着、十幾町かある停車場まで行った。彼女は一人ぽつねんと待合室に立っていた。

「いったん汽車に乗ったんですけれど、鍵のことを思い出して、鎌倉から引き返してきましたの。だけどもうきょうは上りはないわ」

彼女はそう言って、一人でどこかの宿屋に泊まって明日帰るからと言いだした。

僕は彼女を強いて、もう一度日蔭に帰らした。いっそ、三人でめいめいの気まずい思いを打ち明け合って、それでどうにでもなるようになれと思ったのだ。が、こうして彼女が帰ると、室の空気は前よりももっといけなかった。そして三人とも、またほとんど口をきかずに、床を並べて寝た。

神近も伊藤もほとんど眠らなかったようだ。が、僕は風邪をひいたうえに夜ふけてそとでをしたので、熱がだいぶ高くなって、うつらうつらと眠った。そして時々目をさましては彼女らのほうを見た。神近はすぐ僕のそばに、伊藤はその向こうにいた。伊藤は顔まで布団をかぶって、向こうを向いてじっとして寝ていた。僕がふと目をあけたとき、僕は神近が恐ろしい顔をして、それをにらんでいるのをちらと見た。

「もしや……」

とある疑念が僕の心の中に湧いた。僕は眠らずにそっと彼女らをうかがっていなければならないときめた。が、いつのまにか熱は僕を深い眠りの中に誘ってしまった。

四

目をさましたときにはもうかなり日が高かった。神近も伊藤も無事でまだ寝ていた。僕はほっとした。

朝飯を済ますと、伊藤はすぐ出ていった。もちろん東京へ帰ったのだ。が、神近はそれを疑っているようだった。もともと僕といっしょにずうっといるつもりできたので、今は自分がきたからちょっと近所のどこかで避けて、また自分が帰ればすぐここへくるのだろう、というような口ぶりだった。彼女は割合に人がよくて、ごく人を信じやすい代わりには、疑いだすとずいぶん邪推深かった。僕はもう彼女の邪推と闘うには、あまりに彼女に疲れていた。そうでなくても、きのう彼女が「侵入」してきて以来の僕の気持は、とうてい静かに彼女と話しすることを許さなかった。しかしまた、彼女をすっぽぬかして伊藤といっしょにここへきているという弱点は、彼女に対してあまり強く出ることも許さなかった。で、彼女のそんな疑いに対しては、ただ一言「馬鹿(ばか)な」と軽く受け流して、相手にせずにいた。

そして昼飯が済むとすぐ、僕は苦りきった顔をして、机に向かって原稿紙を取り出した。彼女はしかたなしにおげんさんの案内で海岸へ遊びに行った。

そのときはちょうど寺内内閣ができたときで、僕は『新小説』の編集者から、寺内内閣の標榜するいわゆる善政についての批評を書くことを頼まれていた。憲政会は三菱党だ。政友会は三井党だ。したがってこの二大政党には、こんにちの意味での善政、すなわち社会政策をおこなうことはとうていできない。彼らは資本家党なのだ。官僚派は資本家の援助がなければなにごともできないことはよく知っている。しかし彼にはこの資本家の上に立つ政治家だという、ともかくもの自尊がある。そしてなお、この資本家の横暴と対抗するには、労働者の援助を借りなければならない。そこでその政治は、善政すなわち社会政策をとるほかはない。僕はざっとそんなふうに考えていた。そして、なおそれを歴史の事実の上から論ずるつもりで、桂がその晩年熱心な社会政策論者であったことや、またドイツのビスマルクの例をくわしく書いてみようと思っていた。

僕はだれだかの『ビスマルクと国家社会主義』をその参考に持ってきていた。で、まずざっとその本を読んでみようと思った。

が、こうして落ちついて机の前に座ると、急にまた風邪の熱で頭の重いことが思い出されてきた。熱でばかりではない、いろいろな雑念で重いのだ。

僕は神近とはもうどうしてもおしまいだと思った。彼女とできて半年あまりの間に、このもうおしまいだという言葉が、彼女の口から三、四度も出た。が、こんどは、それをはじめて僕のほうから言いだそうと思った。

最初は、彼女との関係後二ヵ月ばかりして、さらに伊藤との関係ができかかったとき、彼女からずいぶん手厳しくそれを申し渡された。

「きょうはきっとあなた、どこかでいいことがあったのね。顔じゅうがほんとうに喜びで光っているわ。野枝さんとでも会って？」

ある晩遅く彼女を訪ねたとき、顔を見るとすぐ彼女は言った。僕はそれまではそんなにうれしそうにしていたとも思わなかったが、そう言われてはじめて、彼女の言葉どおりに顔じゅうが喜びで光っているような気がした。そして実際また、彼女の言ったとおり、いま伊藤と会ってきたばかりだったのだ。しかも、いつも亭主がいっしょなのが、その日ははじめて二人きりで会って、はじめて二人で手を握り合って歩いて、はじめて甘いキスに酔うてきたのだった。僕は正直にそのとおりを彼女に話した。

「そう、そりゃよかったわね、私もいっしょになってお喜びしてあげるわ」

彼女はもうよほど以前から僕ら二人がよく好き合っていることを知っていた。そして、ただ好き合っているばかりで、それ以上にちっとも進まないことをむしろ不思議がっていた。で、自分が僕らの姉さんででもあるかのようにして、ほんとうに喜んでくれたようだった。

彼女には、この姉さんというような気持が、ずいぶんにあった。そしてこの気持のうえから、僕や伊藤のわがままをいつも許してくれ、また自分からも進んでいろいろなわがままをさせていた。彼女はもう三十だった。そして伊藤は彼女より七、八つ下だった。

僕が彼女とはじめて手を握ったときにも、彼女は伊藤に対する僕の愛を許していた。まだどうにもなっていない、今からもどうなるか見こみはちっともない、しかし僕は非常に伊藤を愛している、今こうして相抱き合っている彼女よりも以上に愛している、僕はこの事実を偽ることはできないと言った。彼女はそれを承認した。しかも、ちっともいやな顔は見せないで、笑いながら承認した。

「たとえば、僕にはいろんな男の友人がいる。そしてその甲の友人に対するのと乙の友人に対するのと、その人物の評価は違う。また尊敬や親愛の度も違う。しかし、それが僕の友人たるにおいては同一だ。そしてみんなは、おのおの自分に与えられた尊敬と親愛との度で満足していなければならない。俺は乙よりも尊敬されないから、あいつの友人になるのはいやだ、などという馬鹿な甲はいない」

というのが僕の友人観兼恋愛観だった。僕は友人と恋人との間にたいした区別を設けたくなかった。が、理屈はまあどうでもいいとして、とにかく彼女は、僕の心の中での彼女と伊藤との優劣を認めたのだ。と同時にまた、その尊敬や親愛の対象となるもの、質の違っていることをも認めたのだ。そして彼女は、この優越を蔽うために、年齢のうえからの自分の優越を考え出したのだ。しかし反対にまた、彼女よりも年の多い保子に対しては、彼女は自分の知力の優越を考えていた。そしてやはりこの優越感のうえから、保子に対してまでも姉さんぶった心の態度を持っていた。この姉さんぶるという態度には、彼女の性格の一種の任俠もあるのであるが、しかし彼女がその競争者に対してどうしても持ちたい優越感がそれを非常に助けていたのだ。

実際彼女はこの優越ということをよく口にしていた。そして彼女があらゆる点において優越を感じていた保子に対しては、ただ憐憫があるばかりで、ほとんどなんの嫉妬もなかった。それからもう一人、これは今ちょっとその人の名を言えないが、やはり女文士で仮にFというのがあった。そのFと僕とのごく淡い関係についても、彼女はやはり自分の優越感からなんの嫉妬をも感じていなかった。むしろ一種の興味をもってすら見ていた。

その晩は僕は麻布の彼女の家に泊まった。そして翌日、保子のいる逗子の家に帰った。するとたぶんその翌日の朝だ、僕は彼女からほんとうに三行半と言ってもいい短い絶縁状を受け取った。それは「もしほんとうに私を思っていてくれるのなら、今後もうお互いに顔を合わせないようにしてくれ。それでは、永遠にさようなら」というような意味の、あまりに突然のものだった。僕はすぐ東京へ出た。そして彼女をその家に訪うた。が、彼女は僕の顔を見るや、泣いてただ「帰れ帰れ」と叫ぶのみで、話のしようもなかった。そして僕はなにかをほうりつけられて、その家を追い出された。

僕はすぐ宮島の家へ行った。宮島の細君は彼女にとってのほとんど唯一の同性の友だちだった。

「ゆうべはひどい目にあったよ。神近君が酔っぱらって気ちがいのようにあばれだしてね。そして君のことを『だました！　だました！』と言って罵るんだ。ようやくそれを落ちつけさして、家まで連れていって、寝かしつけてきたがね。実際弱っちゃったよ」

宮島は、僕が彼女の話をすると、ほんとうに弱ったような顔をして話した。

そこへ、しばらくして、彼女がやってきた。顔色も態度も、さっきとはまるで別人のように、落ちついていた。

「私、あなたを殺すことに決心しましたから」

彼女は僕の前に立って勝利者のような態度で言った。

「うん、それもよかろう。が、殺すんなら、今までのおなじみがいに、せめては一息で死ぬように殺してくれ」

僕はその「殺す」という言葉を聞くと同時に、急に彼女に対する敵意の湧いてくるのを感じたのであったが、冗談半分にそれは受け流した。

「そのときになって卑怯なまねをしないようにね」
「ええ、ええ、一息にさえ殺していただければね」
二人はそんな言葉を言い交わしながら、しかしもう、お互いの顔には隠しきれない微笑みがもれていた。

彼女はまたもとの姉さんに帰ったのだが、僕と伊藤とはこの姉さんにあまりに甘えすぎたようだ。あまりに無遠慮すぎたようだ。それをあまりに利用しすぎたとまでは思わないが、そしてそのたびに彼女はヒステリーを起こしはじめた。

ヒステリーとまではいかんでも、その後彼女は、その生来の執拗さがますますひっっこくなった。いろんな要求がますます激しくなった。そして、それが満足されなければされないほど、それだけまた、ますますひっっこくなり、ますますうるさくなるのであった。が、ここに白状しておかなければならないのは、僕はだんだんこの執拗さに嫌気がさしていったのであるが、しかしまた、その執拗さが僕にとっての一つの強い魅力ででもあったことだ。

彼女はおりおりその執拗さを遠慮した。が、それはいつも、さらに数倍の執拗さをもってくる前ぶれのようなものだった。そしてその執拗さが満足されないと、彼女はきまってそのヒステリーを起こした。そしてそのたびに、彼女の口から、例の「殺す」という言葉が出た。その言葉を聞くと、僕は奮然として、その席を立って出た。

かくして僕は彼女から三度ばかり絶交を申し渡された。が、その翌日には、彼女はきっとあやまって帰ってくるのだった。そしてその最後にあやまってきたときには、僕は彼女に、もう一週間熟考してみるがいいと言って、いったんそれをしりぞけた。彼女はその一週間が待てないで、その翌日またあやまってきた。

「しかし、こんどはもう、断然その絶交をこっちから申し渡すんだ」

僕は原稿紙を前に置いたまま、それにはただ「善政とはなんぞや」という題を書いただけで、独り言のように言った。

「こんどもし、君が殺すと言ったり、またそんな態度を見せた場合には、即刻僕はほんとうに君と絶交する」

最後の仲直りのときに僕は彼女にそう言ったのだ。そして今、ゆうべ僕は、彼女の顔の中にたしかに殺意を見たのだ。

五

彼女は散歩から帰ってきた。僕は机に片肘をもたせかけて、熱でぽっぽとほてる頭を押さえていた。彼女は僕が一行も書けないでいる原稿紙の上を冷やかにあざ笑うようにして見ていた。

夕飯を食うと、僕はまたすぐに寝床をしかして、横になった。彼女はしばらく無言で座っていたが、やはりまたそばの寝床に寝た。僕はもうできるだけなんにも考えないようにして、ただ静かに眠ることだけを考えていた。が、長年の病気の経験から、熱のあるときに興奮をさける、習慣のようになっているこの方法も成功しなかった。ふと僕はゆうべの彼女の恐ろしい顔を思い出した。

「ゆうべは無事だった。が、いよいよ今晩は僕の番だ」

僕はそう思いながら、彼女がどんな凶器を持ってきているだろうかと想像してみた。彼女はよくひと思いに心臓を刺すと言っていた。刺すとなれば短刀だろう。が、彼女はそれをどこに持っているのだろう。彼女はごく小さな手さげを持っていた。しかし、あんな小さな手さげの中では、七、八寸ものでも隠せまい。すると彼女はそれを懐の中にでも持っているのかな。とにかく、刃物なら、なんの恐れることもない。彼女がそれを振りあげたときにすぐもぎ取ってしまえばいいのだ。だが、もしピストルだと、ちょっと困る。どうせ、ろくに打ちようも知らないのだろうが、それにしてもあんまり間が近すぎる。最初の一発さえはずせば、もうなんのこともないのだが、その一発がどうかすれば急所に当たるかもしれない。しかし、それもめったにはないことだろう。一発どこか打たしておいて、すぐ飛びかかっていけばいいのだ。女の一人や二人、なにを持ってきたって、なんの恐れることがあるものか。すぐにとっちめて、ほうり出してしまえばいいのだ。

「ね、なにか話ししない？」

一、二時間してからだろう。彼女は僕のほうに向きなおって、泣きそうにして話しかけた。彼女にはこの黙っているということがなによりもつらいのだ。寂しくてたまらないのだ。どなり合ってでも、なにか話していたいのだ。そして今は、もうたまらなくなって、なにもかもいっさい忘れたようになって、数日前の彼女と僕とに帰って話したかったのだ。

「してもいい。が、愚痴はごめんだ」

「愚痴なんか言いやしないわ、だけど……」

「そのだけどが僕はいやなんだ」

「そう、それじゃそれもよすわ」

「それよりも、この一、二日以来のお互いの気持でも話そうじゃないか。僕はもう、こんな醜い、こんないやなことは飽き飽きだ。ね、お互いにもう、いいかげん打ち切り時だぜ」

「ええ、私ももう幾度もそう思っているの、だけど……」

「まただけどだね。そのだけどでいつもだめになるんだ。こんどこそはもうそれをよしにしようじゃないか」

「だけど、もっと話したいわ」

「話はいくらでもするがいいさ。しかし、もう、お互いにこんないやな思いばかり続けていたって、しかたがないからね。ほんとうにもうよしにしようよ」

「ええ……」

彼女はまだなにか話したそうに見えた。が、その話のさきをいちいち僕に折られてしまうので、こんどは黙ってなにか考えているようだった。彼女がこうして折れてくると、僕は彼女の持っている殺意にまで話を進めることができなくなった。そして僕はただ彼女のこのうえ折れてこようとするのを防ごうとだけ考えた。

が、彼女はそれっきり黙ってしまった。僕も黙ってしまった。そして僕は、これだけのことでも言ったので多少胸がすいたものと見えて、なにも考えないで静かに眠ったようにしていることに、こんどは成功した。

「ね、ね」

それからまた一、二時間してのことだろう。彼女は僕を呼び起こすように呼んだ。

「ね、ほんとうにもうだめ？」

「だめと言ったらだめだ」

「そう、私いまなにを考えているのか、あなたわかる？」

「そんなことは分らんね」

「そう、私いまね、あなたが金のないときのことと、あるときのこととを考えているの」

「というと、どういう意味だい？」

「野枝さんがきれいな着物を着ていたわね」

「そうか、そういう意味か。金のことなら、君に借りた分はあした全部お返しします」

僕は彼女に金のことを言いだされてすっかり憤慨してしまった。

「いいえ、私そんな意味で……」

彼女はなにか言いわけらしいことを言っていた。

「いや、金の話まで出れば、僕はもう君と一言も交わす必要はない」

僕は断じてもう彼女の言いわけをしりぞけた。そして彼女がまだ二言三言なにか言っているのも受け付けずに黙ってしまった。


いつでもあのくらい気持よく、しかも多くは彼女から進んで、出していた金のことを、今になって彼女が言いだそうとは、まったく僕には意外だった。そしてこの場合、金ができたから彼女をすてるのだ、というような意味のことを言われるのも、まったく意外だった。そしてそれが意外なほど、僕は実に心外に堪えなかった。

金の出道は彼女には話してなかった。それも彼女には不平の一つらしかった。が、そのころにはもう、僕は彼女に同志としてのそれだけの信用がなかったのだ。僕はその金を時の内務大臣後藤新平君からもらってきたのだ。

その少し前に、伊藤がその遠縁の頭山満翁のところへ金策に行ったことがあった。翁はいま金がないからと言って杉山茂丸君のところへ紹介状を書いた。伊藤はすぐ茂丸君を訪ねた。茂丸君は僕に会いたいと言いだした。で、僕は築地の台華社へ行った。彼は僕に「白柳秀湖だの、山口孤剣だののように」軟化をするようにとすすめた。国家社会主義ぐらいのところになれとすすめた。そうすれば、金も要るだけ出してやる、というのだ。僕はすぐその家を辞した。

茂丸君は無条件では僕に一文も金をくれなかった。が、その話の間に時々出た「後藤が」「後藤が」という言葉が、僕にある一案を暗示してくれた。ある晩僕は内務大臣官邸に電話して、後藤がいるかいないかを聞き合わした。後藤はいた。が、今晩は地方長官どもを招待してご馳走をしているので、なにか用があるなら明日にしてくれとのことだった。

「なあに、いさえすればいいのだ」

僕はそう思いながらすぐ永田町へ出かけた。

「ご覧のとおり、今晩はこんな宴会中ですから……」

たぶん菊池とかいう秘書官らしい男が僕の名刺を持ってあいさつに出てきた。

「いや、それは知ってきているんです。とにかく後藤にその名刺を取り次いで、ほんのちょっとの時間でいいから会いたい、と言ってもらえばいいんです」

秘書官は引っこんでいった。そしてすぐにまた出てきて、「どうぞ、こちらへ」と案内した。

宴会は下のようだったが、僕は二階のとっつきのごく小さな室へ案内された。テーブルが一つに椅子が三つばかり置いてあるだけで、飾りというほどの飾りもない室だった。

すぐに給仕がお茶を持ってきた。が、その給仕はお茶をテーブルの上に置くと、ドアの右手と正面とにある三つばかりの窓を、いちいちあけては鎧戸をおろしてまた閉めていった。変なことをするなと思っていると、こんどは左手の壁の中にあるドアをあけて、さっきの秘書官がはいってきた。

「今すぐ大臣がおいでですから」

彼はそう言って、出入り口のドアをいったんあけてみてまた閉めて、それにピチンと鍵をおろした。

「ははあ、なにか間違いでもあったときに、僕が逃げられない用心をしているんだな」

僕は笑いたいのをこらえて、黙って彼の所作を見ていた。彼はさっき給仕が閉めた窓のところへ行って、いちいちそれに窓掛けをおろして、そして丁寧にお辞儀をしてまた隣りの室との間のドアの向こうに消えた。

「すると、後藤はあのドアからはいってくるんだな」

僕はそう思って、そのドアのほうに向かって、煙草をくゆらして待っていた。

が、待っているというほどもなく、すぐ後藤がはいってきた。新聞の写真でよく見ていた、鼻眼鏡とポワンテュの鬚との、まぎれもない彼だ。

「よくおいででした。いや、お名前はよく存じています。私のほうからもぜひ一度お目にかかりたいと思っていたのでした。きょうはこんな場合ではなはだ失礼ですが、しかし今ちょうど食事も済んで、ちょっとの間なら席をはずしてもおれます。私があなたに会って、一番さきに聞きたいと思っていたことは、どうしてあなたが今のような思想を持つようになったかです。どうです、ざっくばらんに一つ、その話をしてくれませんか」

少々赤く酔いを出している後藤は、馬鹿にお世辞がよかった。

「え、その話もしましょう。が、きょうは僕のほうで別に話を持ってきているのです。そしてそのほうが僕には急なのだから、きょうはまずその話だけにしましょう」

「そうですか。するとそのお話というのは？」

「実は金が少々欲しいんです。で、それを、もし戴ければ戴きたいと思ってきたのです」

「ああ金のことですか。そんなことならどうにでもなりますよ。それよりも一つ、さっきのお話を聞こうじゃありませんか」

「いや、僕のほうはきょうはこの金のほうが重大問題なんです。どうでしょう。僕、いま非常に生活に困っているんです。少々の無心を聞いてもらえるでしょうか」

「あなたは実にいい頭を持ってそしていい腕を持っているという話ですがね。どうしてそんなに困るんです」

「政府が僕らの職業を邪魔するからです」

「が、特に私のところへ無心にきたわけは」

「政府が僕らを困らせるんだから、政府へ無心にくるのは当然だと思ったのです。そしてあなたならそんな話は分ろうと思ってきたんです」

「そうですか、分りました。で、いくら欲しいんです」

「いま急のところ三、四百円あればいいんです」

「ようごわす、さしあげましょう。が、これはお互いのことなんだが、ごく内々にしていただきたいですな。同志の方にもですな」

「承知しました」

金の出道というのは要するにこうなのだ。そして僕は三百円懐にして家に帰った。

その金は、しばらく金をちっとも持っていっていない保子のところへ五十円行き、なおもうぼろぼろになった寝衣(ねまき)一枚でいる伊藤に三十円ばかりでお召の着物と羽織との古い質(しち)を受け出させて、まだ二百円は残っていた。それにもう五十円足せば、市外に発行所を置くとすれば、月刊雑誌の保証金には間に合うのだ。

「が、もう雑誌なぞはどうでもいい。あしたはその金を伊藤に持ってきてもらって、こいつに投げつけてやるんだ」

僕は一人でそう決心した。

また、彼女が伊藤の着物のことを言いだしたのから思い出すと、ふだん人の着物なぞにちっとも注意しない彼女が、そういえば伊藤の風(ふう)ていをじろじろと見ていた。彼女はもうだいぶ垢(あか)じみたメリンスの袷(あわせ)(それとも単衣(ひとえ)だったか)に木綿の羽織を着ていた。

「そうそう、彼女はいつか僕にいくらかの金をつくるために、その着物を質に入れていたのだっけ。せめてはあれだけでも出しておいてやるのだった」

と僕も気がついた。が、今になってそんな気がついたところでしかたがない。

「とにかくあしたは、あいつに金を投げつけてやるんだ」

六

少しうとうとしていると、だれかが僕の布団にさわるような気がした。

「なにをするんだ?」

僕はからだを半分僕の布団の中に入れようとしている彼女を見てどなった。

「×、××××××××××」

彼女は、その晩はじめて口をききだしたときと同じように、泣きそうにして言った。

「いけません、僕はもうあなたとは他人です」

「でも、私悪かったのだから、あやまるわ、ね、許してくださいね。ね、いいでしょう」

「いけません。僕はそういうのが大嫌いなんです。さっきはあんなに言い合っておいて、その話がつきもしない間に、そのざまはなんていうことです」

僕は彼女の訴えるような、しかしまた情熱に燃えるような目を手でしりぞけるようにしてさえぎった。彼女のからだからはその情熱から出る一種の臭いが発散していた。

ああ彼女の肉の力よ。僕は彼女との最初の夜から、彼女の中にそれを最も恐れかつ同時にそれに最も引かれていたのだ。そして彼女は、そのヒステリカルな憤怒（ふんぬ）のあとに、その肉の力を最も発揮するのだった。

しかし今晩はもう、僕は彼女のこの力の中に巻きこまれなかった。僕は彼女のこの力を感ずると同時に、なおさらに奮然としてそれに抵抗して立った。今晩の彼女の態度は、はじめからそのふだんの執拗（しつよう）さや強請（きようせい）の少しもない、むしろ実にしおらしいおとなしい態度だった。が、このしおらしさが、彼女の手と言ってもいいくらいに、こうした場合にはきっと出てくるのだった。が、僕は最初からそれを峻拒（しゆんきよ）していた。

彼女は決然として自分の寝床に帰った。そしてじっとしたまま寝ているようだった。

僕はいよいよだなと思った。こんどこそはほんとうにやるのだろうと思った。僕は仰向きになったまま両腕を胸の上に並べておいて、いつでも彼女が動いたらすぐに立ちあがる準備をして、目をつぶったまま息をこらしていた。一時間ばかりの間に彼女は二、三度ちょっとからだを動かした。そのたびに僕は拳をかためた。

が、やがて彼女は起き出してきた。そして僕の枕もとの火鉢のそばに座りこんだ。

僕はこれは具合が悪いなと思った。横からなら、どうにでもして防げるのだが、頭のほうからではどうしても防ぎようがないと思った。しかし、今さら、こっちも起きるのも業腹（ごうはら）だと思った。ピストルで頭をやられてはちょっと困ると思ったが、しかし刃物ならなんとか防ぎようがあると思った。ピストルはそう急に彼女の手にはいるまい。だから、凶器はきっと刃物だろうと思った。

「しかし、どんなことがあっても、こんどは決して眠ってはならない。眠れば、僕はもうおしまいなのだ」

僕はそう決心して、やはり前のように目をつぶったまま両腕を胸の上に並べて、息をすまして、頭の向こうでの呼吸を計っていた。そのとき、どこかで時計が三時を打つのを聞いた。僕はやはり息をすまして向こうの動静を計っていた。

ふと僕は、咽喉（のど）のあたりに、熱い玉のようなものを感じた。

「やられたな」

と思って僕は目をさました。いつのまにか、自分で自分の催眠術にかかって、眠ってしまっていたのだ。

「熱いところを見ると、ピストルだな」

と続いて僕は思った。そして前のほうを見ると、彼女は障子をあけて、室（へや）のそとへ出ていこうとしていた。

「待て！」

と僕は叫んだ。

彼女は振り返った。

（これで僕は最初に話したお化けのところまで戻ったわけだ。そのお化けの因縁話を済ましたわけだ。が、事件はまだ続く。僕はそれもすっかり話してしまわなければ、僕の責めは済まないだろう。で、もっと話を続けていこう。）

彼女は振り返った。

僕はその前夜彼女が寝ている伊藤をにらみつけた、その恐ろしい殺気立った顔を彼女に見ると思いのほか、彼女がゆうべ僕に泣きついてきたときのその顔よりももっと憐（あわ）れな顔を見た。

「許してください」

彼女が振り向くと同時に発したこの言葉が僕には意外だった。

しかし、もうこうなった以上、僕は彼女を許すことができなかった。少なくともその瞬間の僕は、なんという理屈はなしに、ただ彼女を捕まえてそこへ叩きつけなければやまなかった。

僕は起きあがった。そして逃げようとする彼女を追うて縁側まで出た。彼女はそこのはしごを走りおりた。僕も続いて走りおりた。そして中途で僕は彼女の背中の上へ飛び降りるつもりで飛んだ。が、彼女のほうがほんの一瞬間だけ早かった。彼女は下の縁側を右のほうへ駆けて、七、八間向こうの玄関のところからさらに二階のはしご段を登った。僕ははしご段を飛びおりたときから、急に足の裏の痛みと呼吸のひどく困難になってきたのを感じながら、なお彼女を追っかけていった。

その二階は、僕の居室のほうの二階とは棟が違っていて、大きな二つの室（へや）の奥のほうが、その夜は宿の親戚の女どもの寝室になっていた。彼女はその手前の室の中にはいって、紫檀（したん）の茶ぶ台の向こうに立ちどまった。

「許してください」

彼女は恐怖で慄えながらまた叫んだ。

が、僕はその茶ぶ台の上を踏み越えて彼女を捕まえようとした。彼女はまた走りだした。その奥に寝ていた女どもは目をさまして、互いにかじりついて、僕らのほうを見つめながら慄えていた。

僕は呼吸困難で咽喉がひいひい鳴るのを覚えながら、なお彼女を追っかけていった。彼女はさっきのはしご段を降りて、廊下をもとのほうへ走って、もとの二階へは昇らずに、そこから左のほうへ便所の前に折れた。そしてその折れた拍子に彼女は倒れた。僕も彼女の上に重なって倒れた。

僕はそれから幾分たったか知らない。ふと気がついてみると、血みどろになって一人でそこに倒れていた。呼吸はもう困難どころではなくほとんど窮迫していた。

「これはいけない」

と僕は思いながら、ようやく壁につかまって立ちあがって、玄関のほうへよろめいていった。玄関のそばには女中部屋があった。僕は女中を起こして医者を呼びにやろうと思ったのだ。が、その女中部屋の前で僕はまた倒れてしまった。そして倒れると同時に、その板の間が血でどろどろしているのを感じた。

女中は呼んでも返事がなかった。みんな二階の親戚の客におどかされて、いっしょに奥のほうへ逃げこんでいたのだ。しばらくして、その親戚の一人の年増の女がおずおずとそばへきた。

「あのね、すぐ医者を呼んでください。それから東京の伊藤のところへすぐ来るように電話をかけてください。それからもう一つ、神近の姿が見えないんだが、どうかすると自殺でもするかもしれないから、だれか男衆に海岸のほうを見さしてください」

僕はこれだけのことを相変わらず咽喉をひいひい鳴らしながら、ようやくのことで言った。そして僕は煙草をもらって、その咽喉の苦しさをごまかしていた。傷はピストルではなく、刃物だということもそのときにようやく分った。

やがて、どやどやと警官どもがはいってきた。そしてその一人はすぐと僕になにか問い尋ねようとした。

「馬鹿！　そんなことよりもまず医者を呼べ。医者がこない間は貴様らには一言も言わない」

僕はその男をどなりつけながら、頭の上の柱時計を見た。三時と三十分だった。

「すると、眠ってからすぐなのだ」

と僕は自分に言った。

それから十分か二十分かして、僕は自動車で、そこからいくらもない逗子の千葉病院に運ばれた。そしてすぐ手術台の上に横たわった。

「長さ……センチメートル、深さ……センチメートル。気管に達す……」

院長がなにか傷の中に入れながら、助手や警官らの前で口述するのを聞きながら、僕は、

「きょうの昼までくらいの命かな」

と、ちょっと思ったまま、そのまま深い眠りにおちいってしまった。

［未完］

編注

3　赤旗事件――一九〇八年六月、神田・錦輝館の山口孤剣出獄歓迎会で大杉らが赤旗を振って示威し、場外に出たところを、警官と旗の取り合いから十四名が逮捕された事件。大杉のほか堺利彦、山川均、荒畑寒村ら十二名が有罪となり、大杉は最も重い重禁錮二年半を受刑した。

3　大杉東――一八六〇～一九〇九。父・東は陸軍士官学校を八三年（第六期）卒業。新発田十六連隊から日清・日露戦争に従軍。旅順・奉天の戦闘で負傷、少佐にて退役後、病死した。

4　堺――堺利彦（一八七〇～一九三三）。初期社会主義運動の先覚者。大杉には平民社以来の先輩同志だが、のちに確執を生じ、認め合いつつも、思想、運動の上で別の派を歩み、並立した。

5　母――豊（一八六三～一九〇二）。和歌山市の造り酒屋の娘で、山田保永の妻・栄の妹。

5　大隊長の山田――山田保永（一八四九～一九三二）。大杉の母の義兄。丸亀十二連隊の大隊長から、日露戦争で歩兵第九旅団長、樺太守備隊司令官となり、中将にて退役。

7　越治村大字宇治――現在の津島市宇治町。詩人・金子光晴（一八九五～一九七五）が越治村生まれ。

7　なんとかいう殿様――「大杉家文書」によれば、この殿様は織田信長。大杉の祖先で宇治城の主だった篠田四郎左衛門に大杉の名字を与え、信長の弟・長益を城主にした。伝承では村内の天王社に杉の巨樹があったという。『自叙伝』の、今でもある「大きな杉」は無関係。

7　権九郎とか権七郎――祖父の名は権九郎（一八一七～九六）。宇治村の庄屋・茂右衛門の長男。

10　幼稚園――麹町区富士見小学校付属幼稚室。ここで一八八九年五月まで六カ月間保育を受けた。

19　練兵場――跡地は陸上自衛隊新発田駐屯地の敷地として使用されていたが、二〇〇四年より、新発田市城址公園として整備、開放された。大杉ゆかりの銀杏も老残の姿を留めている。

25　三人の妹と二人の弟――妹は順に春・菊・松枝、弟は伸（のぶる）・勇。この後、弟の進、妹の秋・あやめが生まれ、弟妹は八人になる。

44　遼東半島還付の勅諭――日清戦争の講和で遼東半島を譲渡させたのに、ドイツ・フランス・ロシアの三国が反対（三国干渉）し、これに応じた政府への国民の怒りを抑えるため、明治天皇が詔勅を出して自制を求めた。

58　坂本先生――坂本謹吾。旧新発田藩士で柔術の師範。講武生・大杉栄に与えた賞状「明治三十一年稽古衆ニ超ユ仍テ茲ニ賞ス」が現存する。のちに東京で道場を開き、大杉との交際は終生続いた。殺害された事件のとき「あの大杉が、むざむざ一人や二人の手で殺されるわけはなかったと思う」と語った。『坂本屈伸道弾力性健康法』の著書がある。

62　三好愛吉先生――一八七〇〜一九一九年。東京帝大哲学科卒。仙台・二高の校長から皇子傅育官長になる。死去のとき、大杉は追悼文「三好愛吉先生」を読売新聞に寄せた。

66　良さん――山田良之助（よしのすけ）（一八七二〜一九三七）。保永の長男。一九〇二年、陸軍大学校卒。大杉が殺される直前の二二年二月〜二三年八月に憲兵司令官。中将に進み、第十六師団長就任。

66　田中という騎兵大尉――田中国重（一八七〇〜一九四一）。一九〇〇年、陸軍大学校卒。日露戦争時の満州軍参謀、のちに陸軍大将。

66　末川という家――当主・末川久敬は鹿児島・垂水島津家の家系。海軍大佐、海軍兵器局長。

80 黒龍会――内田良平らを中心とする国家主義団体。対露主戦論を主張。

82 中村彝（つね）――一八八七〜一九二四。画家。代表作「エロシェンコ氏の像」は重要文化財（国立近代美術館蔵、新宿・中村屋に複製）。エロシェンコはロシアの作家で、大杉の研究会にも参加、後に国外追放となった。

108 加治ドクトル――医師で社会運動者。京橋の加藤病院の養子になり、加藤時次郎（一八五八〜一九三〇）として知られるが、二〇年、旧姓の加治に復した。週刊『平民新聞』に資金を提供するなど運動を支援。結成した社会改良団体・直行団には、大杉も団員として参加した。

112 大久保のお父さん――新発田の小・中学校で同級の友人だった大久保誠の父・春成。誠も中学を中退し、東京陸軍地方幼年学校に入学した。

112 庄司なんとか君――庄司俊夫（父親は鉄蔵）。陸軍中尉だったが日雇い労働者となり、労働問題に取り組んだ。大杉ら殺害事件軍法会議の判決のとき、「軍法会議の権威はすたれた」と叫んで、裁判官に泥草履を投げつけた人。

115 幸徳――幸徳秋水（本名・伝次郎、一八七一〜一九一一）初期社会主義運動の先導者。「直接行動」を主張し、アナキズムの立場を鮮明にした。平民社以来、大杉は影響を受け、敬愛した。「大逆事件」によって死刑判決、他の十一名とともに処刑された。

115 木下尚江（なおえ）――一八六九―一九三七。初期社会主義運動者で、のちに離脱するが、谷中村鉱毒問題では、最後まで農民や田中正造を支援した。

115 安部磯雄――一八六五〜一九四九。キリスト教的人道主義の立場から社会主義運動の先駆者となる。大杉は、日露非戦論演説などをよく聞いた。早稲田大学野球部の創設者でもある。

116 山川均（ひとし）――一八八〇～一九五八。早くからの社会主義運動者で、日刊『平民新聞』を編集、大杉と知り合う。二度獄をともにするなど同志として関係が続いたが、のちに派を別にした。本文中の不敬罪は初めての適用で、刑期は重禁固三年六カ月だった。

120 松下芳男中尉――一八九二～一九五八。弘前連隊の中尉だったが、二〇年、社会主義思想を抱いていると停職処分を受け、退役。のち軍事評論家に。大杉と交流があり、殺される前日に訪問、骨あげもした。

131 田川大吉郎――一八六九～一九四七。新聞記者の後、二度の衆院選で落選、電車賃値上げ反対市民大会では、市民団体の代表として共催者になる。のち東京市の助役など。戦後、代議士。

131 山路愛山（やまじあいざん）――一八六五～一九一七。新聞記者を経て、国家社会党を創立。電車賃値上げ反対運動では、日本社会党と共同。以後、『独立評論』など雑誌の主筆、また評論家、歴史家として活発な言論活動を行った。

131 電車の値上げ反対運動――一九〇六年三月、東京の市電三社が、乗車賃を三銭から五銭に値上げ申請したのに対し、創立したばかりの日本社会党などがおこなった反対運動。日比谷公園に市民千数百人が集合してデモ行進。大杉を含め二十一名が逮捕、東京監獄に収監された。

131 二十歳ばかり上のある女――「大杉は外語に通っていたころ、下宿のおかみさんといい仲になっていたんです」と荒畑寒村が明かしている（『寒村夜話』）。

132 神近――神近市子（かみちかいちこ）（一八八八～一九八一）。当時、東京日日新聞の記者。大杉のフランス語講習会に参加、彼が機関誌の発禁続きなどで自暴自棄に陥っているおり、親しい間柄から恋愛へと進む。大杉・野枝の関係と重なりつつ、「自由恋愛の三条件」を承諾し、金銭的援助を続けるが破綻。一六年、大杉ののどを短刀で刺す葉山・日蔭茶屋事件（「お化けを見た話」参照）を起こし、殺人未遂で懲役二年を受刑。戦後、社会党から代議士五選。

132 伊藤——伊藤野枝（一八九五〜一九二三）。訳書『婦人解放の悲劇』を大杉が好評、彼女は雑誌『青鞜』の編集者として、彼を援護するなどのうちに、大杉の恋慕が募る。やがて、夫・辻潤と別れ、大杉と同棲。彼との間に五人の子を産むが、二十八歳にして軍隊に虐殺される。『伊藤野枝全集』四巻を遺した。

137 登坂——登坂高三。大杉の親友で山形県人。一三年に渡米するのを、大杉は横浜で送った。

139 浪六ものや弦斎もの——村上浪六、村井弦斎の大衆小説。浪六の代表作『当世五人男』は、倉橋幸三、黒田健次ら書生五人の共同生活を描いた中編小説。弦斎の啓蒙小説「道楽」四作のうち『食道楽』は、『不如帰』『金色夜叉』と並んで、明治期最もよく読まれたといわれる。

140 丘博士——丘浅次郎（一八六八〜一九一九）。東京高等師範学校教授、動物学者。〇四年、『進化論講話』を著して、ダーウィンの進化論を紹介した。日本最初のエスペランティスト。

142 海老名弾正——一八五六〜一九三七。本郷教会の牧師。日露戦争を支持。のちに同志社総長。

145 ジャクレエ——ポール・ジャクレー。フランス人。一八九七〜一九二〇年、東京外国語学校仏語科の教師。創意あふれる授業を熱心におこなう。卒業のとき、大杉らを自宅に招いた。

145 内村鑑三——一八六一〜一九三〇。『万朝報』の英文欄主筆ののち客員として寄稿していたが、〇三年十月、同紙が日露非戦論から開戦論に転じると、幸徳・堺とともに去った。キリスト教の伝道者だが、無教会主義を主張。

147 久津見蕨村——一八六〇〜一九二五。新聞記者として各紙の主筆を務め、「万朝報」で幸徳・堺と出会う。〇六年『無政府主義』を刊行、発禁に。大杉が主宰する『近代思想』にも寄稿。

147 山口孤剣（こけん）――一八八三～一九二〇。本名・義三。平民社に参加し、『平民新聞』や社会主義の書籍を荷車に積んで、東京から下関まで行商（社会主義伝導隊）するなどの運動、執筆に従事。大杉とも親交。のち新聞雑誌記者。

147 逸見なんとか――逸見斧吉（へんみおのきち）（一八七七～一九四〇）。父親が創業した缶詰製造・逸見山陽堂（現、サンヨー堂）を、〇四年に嗣ぐ。社会運動の雑誌に「金鵄ミルク」の広告を出稿、資金面で支援した。

148 西川光二郎――一八七六～一九四〇。〇一年、社会民主党の創立、のち平民社に参加。東海地方への遊説時には大杉も先遣隊として活動した。議会を通じての社会主義をめざしたが、やがて陣営から離脱した。

148 石川三四郎――一八七六～一九五六。万朝報社から平民社に参加。『平民新聞』編集兼発行人として、大杉の「青年に訴う」を掲載、発禁となり、ともに入獄した。一三～二〇年、渡欧。大杉の死後もアナキストとして活動、戦後、アナキスト連盟の顧問となる。

149 加藤直士（なおし）――一八七三～一九五二。キリスト教牧師、のち大阪毎日、東京日日新聞記者など。

151 日蔭の茶屋――江戸時代から続く老舗茶屋で、明治初期から旅館を開業。現在も葉山町に日影茶屋として日本料理店を営業。建物は国登録有形文化財。

154 『近代思想』――大逆事件後の「冬の時代」、社会主義の運動は「時機を待って」という堺利彦に対し、「時機は自らつくるべきだ」と、大杉と荒畑寒村が創刊した月刊誌。時事問題は扱わない文芸評論誌。一二年十月～一四年九月と、復刊して一五年十月～一六年一月に刊行。

154 『平民新聞』――『近代思想』で展開する抽象論ではなく、労働者相手の具体論に進みたいと、時事問題も扱う月刊誌として、一四年十月～一五年三月に刊行。しかし、他誌から転載の第四号を除き、すべて発禁となり、没収された。

155 宮島（資夫）——一八八六～一九五一。一四年、大杉らの『近代思想』を露店で買い、同志例会に参加。日蔭茶屋事件では大杉から一時離反するが、親交は続く。一六年発刊の『坑夫』は労働文学の先駆。のち僧籍に入る。

155 青山菊栄——一八九〇～一九八〇。神近に誘われ、大杉のフランス文学研究会に参加。〇六年、山川均と結婚。大杉らの機関誌にも寄稿するなど執筆、評論活動。女性の社会主義団体・赤瀾会では伊藤野枝とともに顧問に。戦後、初の労働省婦人少年局長に就任。

156 保子——堀保子（一八七九～一九二四）。堺利彦の先妻・美知子の妹。〇六年に結婚して以来、大杉を支えたが、一六年三月に別居、十二月に正式に離婚した。

156 赤ん坊——辻潤との間に、前年十一月に生まれた次男・流二。大原町（現、いすみ市）の網元・若松家に里子となった。長男の一（のち画家・画文家）は辻が引きとった。

156 平塚らいてう——（らいちょう、一八八六～一九七一）。一一年、女性文芸誌『青鞜』を発刊。伊藤野枝を同人に迎え、のちに彼女に発行・編集権を譲る。女性の政治的自由や権利を求め、婦人運動、また戦後は平和運動に従事した。

156 菊池幽芳——一八七〇～一九四七。小説家で大阪毎日新聞の文芸部長。伊藤野枝の作品「雑音」を、一六年一～四月、同紙に掲載した。

157 宮田脩——一八七四～一九三七。〇八～三七年、成女高等女学校（現、成女高校）の校長として、リベラルな教育に尽くす。大杉が養育していた末妹・あやめは同校に通学。また哲学の会を主宰、宮島夫妻はここで知り合った。

157 生田長江（ちょうこう）——一八八二〜一九三六。評論家、作家、翻訳家。一二年ごろ、大杉と知り合い、大杉・荒畑主催の近代思想小集に出席するなど親交を結ぶ。雑誌『青鞜』の命名者、後援者でもある。

159 野上弥生子——一八八五〜一九八五。作家。伊藤野枝・辻潤の隣家に居住。野枝は辻と別れるに際し、二度相談に行った。

162 荒畑寒村（かんそん）——一八八七〜一九八一。平民社以来の大杉の盟友。二人で『近代思想』、ついで月刊『平民新聞』を発行する。が、この後、感情的にもつれ、思想的にも懸隔を生じる。第一次共産党結成に参加、のち労農派に。戦後、社会党代議士など。七六年、大杉の墓誌建立に際し撰文。「……惜しむべし雄志逸材むなしく中道に潰す」と。

173 後藤新平——一八五七〜一九二七。一六年十月、内務大臣就任。このとき金を渡したことで、のちに大杉の渡仏資金の出所を疑われ、議会で追及された。大杉が殺害された震災時も内相。閣議で警察情報をもとに事件を報告、山本権兵衛首相が陸軍大臣に調査を指示し、凶行が発覚した。

173 頭山満（とうやまみつる）——一八五五〜一九四四。国家主義団体であった玄洋社の総帥。大アジア主義を唱え、右翼の源流として、政財界にも隠然たる勢力をもった。

174 杉山茂丸（しげまる）——一八六四〜一九三五。玄洋社時代は頭山の片腕的存在。政財界の舞台裏で仕掛け人として活動。山県有朋・桂太郎らの人脈をもち、政界の黒幕と呼ばれる。

174 白柳秀湖（しらやなぎしゅうこ）——一八八四〜一九五〇。平民社の非戦論に共鳴し、運動に参加。文芸誌『火鞭（かべん）』の発刊に尽力するが、大逆事件後、運動から離れ、評論家・歴史家として活動した。

大杉栄略年譜

一八八五年（明治18） 一月十七日、父・大杉東（丸亀連隊少尉）、母・豊の長男として香川県丸亀町に生まれる。まもなく父の転任により、東京に移住。本籍は愛知県。

一八八九年（明治22） 父の異動で新潟県新発田本村（現、新発田市）に移転。ここで北蒲原中学校（現、新発田高校）二年修了。

一八九九年（明治32） 名古屋陸軍幼年学校へ入学。三年のとき、同級生と格闘して重傷、退学処分を受ける。

一九〇二年（明治35） 上京し、東京学院に通学。母急逝。順天中学校五年に編入学。足尾鉱毒問題で学生の示威運動を見て、社会問題に関心を持つ。

一九〇三年（明治36） 東京外国語学校（現、東京外国語大学）に入学。

一九〇四年（明治37） 平民社の社会主義研究会に毎週通う。夏休みに名古屋での活動を『平民新聞』に報告、同紙発行を手伝う。

一九〇五年（明治38） 外国語学校選科仏語学科を卒業。「年上の女」と同棲。

一九〇六年（明治39） 日本社会党に加盟。電車賃値上げ反対のデモに参加し、入獄。保釈後、堀保子と結婚。エスペラント語学校を設立、講師となる。『家庭雑誌』を発行。「新兵諸君に与ふ」を『光』に訳載し、起訴される（新聞紙条例違反）。

一九〇七年（明治40） 「青年に訴ふ」の筆禍で、巣鴨監獄に入獄（計五カ月半）。

一九〇八年（明治41） 屋上演説事件で巣鴨に入獄（一カ月半）。出獄まもなく赤旗を振ってのデモ（赤旗事件）

で千葉監獄に入獄（二年半）。

一九〇九年（明治42）父死去。翌年十一月、出獄。売文社に参加。

一九一一年（明治44）大逆事件刑死者の遺体引き取り。毎月の同志茶話会に出席。

一九一二年（大正1）十月、荒畑寒村と月刊誌『近代思想』を創刊、同志の連絡を図る。

一九一三年（大正2）『近代思想』小集で文士らと交流。同志集会・サンジカリズム研究会を開始。

一九一四年（大正3）『近代思想』を止め、月刊『平民新聞』を発刊するが、第四号を除きすべて発禁となる。

一九一五年（大正4）研究会を「平民講演会」に発展。『近代思想』を復刊するが初号を除き発禁となる。フランス語講習会を開講。著作家協会発起人となる。

一九一六年（大正5）『近代思想』を廃刊。堀保子と別居、伊藤野枝と同棲を始める。十一月、葉山・日蔭茶屋で神近市子に刺され、この事件で社会的非難をあびる。

一九一七年（大正6）同志からも孤立し、野枝と貧乏のどん底生活。長女・魔子誕生（のちに四女一男の父）。

一九一八年（大正7）『文明批評』を創刊して再起し、労働運動研究会を始める。和田久太郎・久板卯之助と『労働新聞』を発行するが、発禁続き。大阪で米騒動を視察、部分的に加担する。

一九一九年（大正8）同志集会を「北風会」と合同、労働運動の活動家に影響を与える。他の演説会を乗っ取る「演説会もらい」闘争を盛んに行う。第一次『労働運動』を発刊。印刷工組合など労働運動の支援、学生集会で懇談。尾行巡査殴打事件により、豊多摩監獄に入獄（三カ月）。

一九二〇年（大正9）関西の活動家集会を歴訪。日本社会主義同盟の発起人になる。上海へ密航。コミンテルンの極東社会主義会議に出席。

一九二一年（大正10）第二次（週刊）『労働運動』にボル（共産主義）派を加え、共同戦線を張る。肺患の重病で聖路加病院に入院。ボルとの共同を止め、第三次『労働運動』を発刊。新聞印刷工などの争議を支援。

一九二二年（大正11）八幡で演説会、大阪で活動家集会。日本労働組合総連合の創立大会に出席。国際無政府主義大会出席のため日本を脱出、上海で中国同志と会合。

一九二三年（大正12）フランスに入国。パリ郊外サン・ドニのメーデー集会で演説、逮捕され、ラ・サンテ監獄に収監。国外追放となり七月帰国。九月十六日、野枝、甥の橘宗一とともに東京憲兵隊に拘引、虐殺される。

（大杉豊編）

主要著書

評論『生の闘争』、『社会的個人主義』、『労働運動の哲学』、『クロポトキン研究』、『正義を求める心』、『二人の革命家』（伊藤野枝共著）、『無政府主義者の見たロシア革命』、『自由の先駆』。

随筆・記録・創作『獄中記』、『乞食の名誉』、『悪戯』、『漫文漫画』、『日本脱出記』、『自叙伝』。

翻訳ダーウィン『種の起原』、ル・ボン『物質不滅論』、ルソー『懺悔録』（生田長江共訳）、ルトウルノ『男女関係の進化』、ロマン・ロラン『民衆芸術論』、クロポトキン『相互扶助論』、同『革命家の思出』、ハード・ムーア『人間の正体』、ファーブル『昆虫記一』、同『自然科学の話』（安成四郎共訳）、同『科学の不思議』（伊藤野枝共訳）。

解説

大杉　豊

大杉栄が「自叙伝」を書くのは三十六歳のとき。人生盛り、年齢の点では相当に早い。しかし、二年後に非業の死をとげる最期を思うと、いま、彼の言葉で半生の軌跡を聞けるのは、その早さゆえであった。

仕掛けたのは改造社社長の山本実彦である。『改造』のために、大杉栄の自伝を企画、当時、社会主義運動の陣を張っていた三人、堺利彦・山川均・大杉栄の中でも一番若い大杉がすぐに乗ったのだ。それは、一九二一（大正十）年十～十二月、二二年二、十、十二月、二三年一月号と断続的に掲載された。外国語学校（現、東京外語大）の学生だが、幸徳秋水ら平民社の社会主義研究会に参加し、運動への道を歩み出そうとするところまでである。

その後も書き継がれるはずで、二二年十一月十六日、妻・伊藤野枝への手紙に「あしたからは『自叙伝』の書き足しだ。全体で七百枚くらいになるだろうが、もう三百枚くらい書かなければならない」と認めている。ところが四日後に、国際アナキスト大会への招待状が届き、参加のためフランスへ密航する展開になる。そして帰国二カ月後の関東大震災の中、野枝、六歳の甥・橘宗一とともに東京憲兵隊に虐殺される凶手に遭って、「書き足し」は果たされなかった。ただ、葉山・日蔭茶屋事件の経緯は、「お化けを見た話　自叙伝の一節」

として二二年九月号に載せているので、本書にも所収した。

　かくて前半生の軌跡ではあるが、大杉の意図は、ほぼ尽くされている。『改造』の自伝企画を引き受けたのは、かつて千葉監獄に収監中、「自分の幼少年時代の自叙伝的小説を書いてみよう」と思ったことがあるからだ。つぎのように述べている。

「軍人の家に生まれて、軍人の周囲に育って、そして自分も未来の陸軍元帥といったような抱負で陸軍の学校にはいった、ちょっと手におえなかった一腕白少年が、その軍人生活のお蔭で、社会革命の一戦士になる。というほどのはっきりしたものでなくても、とにかくこの経路をその少年の生活の中に暗示したい。少なくとも、自分の幼少年時代のいっさいの腕白が、あらゆる権威に対する叛逆、本当の生の本能的成長のしるしであったことを、書き表して見たいと」(「続獄中記」)。

『自叙伝』はこのモチーフを思い起こして、著した作品であり、全編成らなくとも、中心テーマは十分に語られている。回想録ふうではなく、自我の成長、みずからの「生の拡充」の経過が見本帳のように提示され、息づいている。「社会革命の一戦士」へと、ごく自然に繋がる道であり、自由を希求するアナキズムの思想へ、素地をつくる道程でもあった。

　たどってみると、腕白、反抗、そして自由生活へと個性を飛翔させ、自己を拡充させる場の連鎖である。試練は尋常小学のときからで、「毎日学校で先生に叱られ……家ででもまた始終母に折檻されていた」し、謹厳な父も「僕を軍人に仕込むことだけは忘れな」いのだった。悪戯、喧嘩、喫煙といった不良少年ぶりがあり、女友だちとの淡い交際や性の遊び、自慰、男色などの性的経験がある。他方、陣取り合戦の勇者、武道（柔道、棒術、撃剣）の稽古、器械体操や野球をする体育会系かと思うと、本屋の一番いい客の一人、輪講や演説の会を開く文化系でもある。これにさまざまな「事件」、また家族・親戚、友人、諸先生との多様な関係が重なって、場面は多彩、経路は多岐で、小説を読むような展開だ。それに「お化けを見た話」の生々しいドキュメント。語り口は、率直で平明、演説は打たず、時勢との触れ合いも抑えている。

おもしろさは、みずからを題材にして「美は乱調にある」ことを見せ、「生は永久の闘いである」と、少年、青年の日を躍動させる姿にあろう。前へ、前へと道を拓（ひら）いていく姿が、書き終えんとする人生の自叙伝ではなく、書きつつある書物としての人生録の魅力となっている。

なお、大杉の生涯に関して『自叙伝』を補う自身の著作には、『獄中記』、『日本脱出記』、「死灰の中から」、書簡集などがある。死後、改造社から出版された『自叙伝』には、「獄中記」の抜粋を収めて一章を設けているが、本書は、「自叙伝」だけで構成した。

〈おおすぎ・ゆたか〉

大杉　豊〈おおすぎ・ゆたか〉
一九三九年、横浜市生まれ。大杉栄が殺された当日に訪ねた弟が父であり、そこで生まれた。東京都立大学社会学科卒業。東京放送（ＴＢＳ）入社、調査・営業・編成部門を経て定年退職。東放学園専門学校・常磐大学国際学部講師。編著書に『日録・大杉栄伝』（社会評論社）。

大杉栄自叙伝
新装版　大杉豊編・解説
二〇一一年九月十六日初版発行
二〇二一年十二月十日改版一刷
土曜社　渋谷区猿楽町一一—二〇
日本ハイコム・加藤製本　製造

本　の　土　曜　社

西暦	著　　者	書　　名	本体
1942	大川周明	米英東亜侵略史	795
1952	坂口安吾	安吾史譚	795
1953	坂口安吾	信　長	895
1955	坂口安吾	真書太閤記	714
1958	池島信平	雑誌記者	895
1959	トリュフォー	大人は判ってくれない	1,300
1960	ベトガー	熱意は通ず	1,500
1964	ハスキンス	*Cowboy Kate & Other Stories*	2,381
	ハスキンス	*Cowboy Kate & Other Stories*（原書）	79,800
	ヘミングウェイ	移動祝祭日	714
	神吉晴夫	俺は現役だ	1,998
1965	オリヴァー	ブルースと話し込む	1,850
1967	海音寺潮五郎	日本の名匠	795
1968	岡潔・林房雄	心の対話	1,998
1969	岡潔・司馬遼太郎	萌え騰るもの	595
	岡　潔	日本民族の危機	1,998
	オリヴァー	ブルースの歴史	5,980
1971	シフマン	アップタウン 黒人ばかりのアポロ劇場	近刊
1972	ハスキンス	*Haskins Posters*（原書）	39,800
1991	岡崎久彦	繁栄と衰退と	1,850
2001	ボーデイン	キッチン・コンフィデンシャル	1,850
2002	ボーデイン	クックズ・ツアー	1,850
2012	アルタ・タバカ	リガ案内	1,991
	坂口恭平	*Practice for a Revolution*	1,500
	ソロスほか	混乱の本質	952
	坂口恭平	*Build Your Own Independent Nation*	1,100
2013	黒田東彦ほか	世界は考える	1,900
	ブレマーほか	新アジア地政学	1,700
2014	安倍晋三ほか	世　界　論	1,199
	坂口恭平	坂口恭平のぼうけん　一	952
	meme（ミーム）	３着の日記	1,870
2015	ソロスほか	秩序の喪失	1,850
	防衛省防衛研究所	東アジア戦略概観　2015	1,285
	坂口恭平	新しい花	1,500
2016	ソロスほか	安定とその敵	952
2019	川﨑智子・鶴崎いづみ	整体対話読本　ある	1,850
2020	アオとゲン	クマと恐竜（坂口恭平製作）	1,500
2021	川﨑智子	整体覚書　道順	895
	川﨑智子・鶴崎いづみ	体操をつくる	1,700
	増田悦佐	クルマ社会・七つの大罪	2,998
年二回	ツバメノート	Ａ４手帳	999

土　曜　社　の　本

西暦	著　者	書　名	本　体
1713	貝原益軒	養　生　訓	895
1791	フランクリン	フランクリン自伝	1,850
1815	酒井抱一	光琳百図　全四巻	各1,500
1886	ランボオ	イリュミナシオン	2,200
1894	渋沢栄一	雨　夜　譚（あまよがたり）	895
1897	勝　海　舟	氷川清話	895
1904	岡倉天心	日本の目覚め	714
1906	岡倉天心	茶　の　本	595
1911	柳田國男	名字の話	595
1914	マヤコフスキー	悲劇ヴラジーミル・マヤコフスキー	952
1915	マヤコフスキー	ズボンをはいた雲	952
1916	マヤコフスキー	背骨のフルート	952
	マヤコフスキー	戦争と世界	952
1917	マヤコフスキー	人　　間	952
	マヤコフスキー	ミステリヤ・ブッフ	952
1919	大　杉　栄	獄　中　記	952
1920	マヤコフスキー	一五〇〇〇〇〇〇〇	952
1922	マヤコフスキー	ぼくは愛する	952
	マヤコフスキー	第五インターナショナル	952
	エリオット	荒　　地	2,000
	大川周明	復興亜細亜の諸問題　上・下	各495
1923	頭　山　満	頭山翁清話	近刊
	大　杉　栄	日本脱出記	952
	大　杉　栄	自　叙　伝（新装版）	1,998
	大　杉　栄	大杉栄書簡集	1,850
	伊藤野枝	伊藤野枝の手紙	1,850
	山　川　均ほか	大杉栄追想	952
	大　杉　栄	*My Escapes from Japan*（日本脱出記）	2,350
	マヤコフスキー	声のために（ファクシミリ版）	2,850
	マヤコフスキー	これについて	952
1924	マヤコフスキー	ヴラジーミル・イリイチ・レーニン	952
1925	頭　山　満	大西郷遺訓	795
1927	マヤコフスキー	とてもいい！	952
1928	マヤコフスキー	南　京　虫	952
	マヤコフスキー	私　自　身	952
1929	マヤコフスキー	風　　呂	952
1930	永瀬牙之輔	す　し　通	795
1936	ロ　ル　カ	ロルカ詩集	2,000
1939	モーロワ	私の生活技術	795
	大川周明	日本二千六百年史	952

一九一六年　大正5年

2月上旬、夜の日比谷公園で、野枝と初めての自由な逢引。
同月中旬ごろ、宮嶋資夫宅で神近、野枝と三人の会談。
同月27日、保子は転居先を探しに上京。翌日、大杉に離別を迫る。
3月5日、山崎今朝弥宅で保子との離婚協議をし、別居を決める。
4月24日、野枝が辻潤と別れ、神田三崎町の玉名館に滞在。
5月4日、御宿の上野屋旅館に野枝を訪ね、6日まで滞在する。
同月28日、フランス文学研究会に幼友だちの礼ちゃんが来訪。
同月29日、礼ちゃんと夫の隅田を見舞い、夕方、神近を訪問。
6月5日、礼ちゃんから夫の死亡通知、二本榎の家に弔問。
同月6日、神近の家で仮眠。夜、あるフランス人と会う。
同月中旬、野枝に会いに御宿へ行き、21日まで滞在。
同月下旬～7月、野枝は東京へ戻り、大杉の下宿に同棲する。
9月中旬～下旬、築地の台華社に杉山茂丸を訪ねる。
10月30日、内務大臣・後藤新平を官邸に訪ね、三百円を受領。
11月5日、野枝と新婚の山川均・菊栄夫妻宅へ祝福訪問。
同月6日、野枝と茅ヶ崎の平塚らいてう宅を訪問。葉山・日蔭茶屋に滞在。
同月7日、夕刻、日蔭茶屋に神近が来訪。三人、床を並べて寝る。
同月8日、朝食後、野枝は帰京。深夜、神近に短刀でのどを刺される。

同月9日、入院した逗子の千葉病院に野枝、保子、宮嶋らが見舞う。
同月10日、山川、村木、弟・勇らが見舞う。野枝は宮嶋らに打擲される。
同月11日、堺が見舞うが面会謝絶。大杉、保子、神近宅が捜索される。
同月21日、千葉病院を退院し、野枝、村木とともに帰京する。
12月14日、名古屋にて自殺した妹・秋の葬儀に列する。
同月19日、保子との離婚が正式に決まる。 〈31歳〉

大杉豊著『日録・大杉栄伝』（社会評論社）より、『自叙伝』にまつわる日付と事項を転載した。